KB133798

왜 생의 마지막에서야
제대로 사는 법을 깨닫게
될까

왜 생의 마지막에서야 제대로 사는 법을 깨닫게 될까

찰스 E. 도젠 지음 | 정지현 옮김

삶의 끝자락에서 마주하는 25가지 인생질문

아날로그

더 나은 삶으로 향하는 길을 찾다

30년 가까이 마음의 고통을 안고 살아가는 사람들을 지켜봐온 심리학자로서 자주 떠올리는 질문들이 있다. 불안과 두려움에 시달리지 않고 살아가려면 어떤 삶의 태도를 지녀야 할까? 이 질문에 대한 답은 과연 누구에게 물어야 하나? 누가 그런 지식을 가지고 있을까? 유명한 지도자? 학자? 과학자? 정치가? 믿기지 않겠지만 나는 전혀 예상치 못한 방향에서 그 답을 찾아냈다. 바로 요양원에 머물고 있는 노인들이다. 힘차게 앞으로 나아가기보다는 모진 시련에 만신창이가 된 사람들이라는 느낌이 더 강하게 드는 그들이야말로 숨겨진 진짜 영웅이다!

어떻게 요양원에 거주하는 노인들로부터 이 시대를 살아가는 데 필요한 지혜를 얻을 수 있다는 결론에 이르게 되었는지 궁금할 것이다. 완곡어법으로 '신의 대기실'이라 불리고, 인생의 시작보다는 끝에 훨씬 더 가까운 사람들이 사는 요양원이 우리 모두가 행복하게 살 수 있는 비결이 숨겨진 장소라니 의외라고 생각할지 모르겠다. 그도 그럴 것이 요양원은 불안함과 우울함을 느끼게 하는 환경이다. 깨달음이나 지혜를 찾을 만한 장소로는 어울리지 않아 보인다. 하지만 이 같은 환경에 대한 감각과 정서적인 인식은 잠시 제쳐두고 그곳에 머물고 있는 노인들의 일상을 하나하나 들여다보면 소중한 인생의 교훈을 발견할 수 있다. 여기서 얻는 교훈은 흔히 이야기하는 것처럼 인생 경험이 풍부한 노인으로부터 얻는 반짝이는 지혜 같은 것은 아니다. 나이 들고 노련한 정치가보다는 엄마 없는 연약한 상태의 어린아이에 더 가까운 요양원 거주자들의 삶을 통해 자연스럽게 깨닫게 되는 것들이다. 노인들의 말이나 행동에서 직접적으로 얻는 것이라기보다는 주변 세상과 가장 겸허하고도 필수적인 상호작용 상태에 놓인 인간 본연의 모습에서 드러나는 교훈이다. 평생을 둘러싸고 있던 겉치레가 사라지고 인간 본연의 자태만 남은 노인들에게서는 순수한 인간의 정신과 영혼이 엿보인다.

겉치레가 벗겨지고 비로소 드러난 삶의 진리

삶이 순탄하게 돌아갈 때는 누구라도 행복과 편안함을 느낀다. 일반적으로 인생의 초기와 중기는 성장과 확장, 습득하는 시기다. 신체가 발달하고 지식과 행동 능력을 얻고 물질도 축적된다. 또한 개인이 이루거나 얻은 것이 정체성의 필수적인 부분이 된다. 사람들은 마치 없으면 견디지 못할 것처럼 그것들에 집착한다.

능력, 지위, 외모, 물질적 소유물 중 하나가 빠져도 과연 행복과 만족, 안정이 가능할까? 현대인의 생활을 상징하는 이런 것들을 대부분 잃는다 해도 인간은 여전히 인간이다. 인간성(humanity)은 있는 그대로의 상태에서 가장 잘 드러난다. 내가 요양원에서 오랫동안 일한 경험으로 내린 결론이다. 요양원에서는 인생 곡선의 최저점에 다다른 사람들을 관찰할 수 있다.

흔히 노인은 완전히 빛을 잃어버린 애처로운 삶의 상징처럼 여겨진다. 하지만 노년기에는 인간을 둘러싼 겉치레가 벗겨지고 삶의 기본적인 측면이 있는 그대로 드러난다. 그래서 노인만큼 투명하게 인간성을 보여주는 대상도 없다. 그 벌거벗은 상태에서는 삶의 진리가 잘 보인다. 삶에는 장소와 시간에 상관없이 근본적인 시련이 존재한다. 한때 필요 이상으로 넘쳐났던 삶의 요소들이 사라진 상태에서 오히려 행복과 평안으로 가는 길은 찾기가 훨씬 쉬워진다. 요양원의 노인들에게서 분명하게 드러나는 삶의 진리는 그들이 젊고 독립적이고 활기 넘쳤던 시절에는 얻지 못했던 것들이다. 사회가 워낙 복잡하고 빠르게 돌아가다 보니 행복과 평화의 길을 찾기가 쉽지 않다. 하지만 그 길은 원래 있던 그 자리에 있다.

더 나은 삶을 위한 답은 어디에 있을까?

우리에게는 100년, 200년, 아니 2,000년 전과 마찬가지로 의식주와 청결한 환경, 인간적 교류, 안전이 필요하다. 인류는 필요를 충족하기 위한 방향으로 세상을 만들어간다. 이에 따라 현대 사회는 효율성과 질서, 생산성, 합리성을 편애하는 경향을 보인다. 그렇지만 여전히 진정으로 의미 있는 삶은 인간관계의 토대 안에서 이루어진다. 과거에도 그러했고 앞으로도 마찬가지일 것이다. 우리는 사람과의 관계 속에서 성장하고 그것이 우리를 지탱해준다. 행복하고 안정적인 삶을 위해 전문적인 지식이나 기술은 필요하지 않다. 동물적 본능과 정신, 지성의 상호작용을 반영하는 휴먼 드라마는 시간의 흐름에도 바뀌지 않는다.

우리가 영감과 가르침이 필요할 때 성경 같은 종교 서적이나 셰익스피어의 희곡 같은 훌륭한 문학, 그리스 신화에 기대는 이유도 그 때문이다. 그 작품들에는 시간이 지나도 변치 않는 인간의 삶에 대한 주제와 진리가 담겨 있다. 그리고 요양원에서는 평범한 하루 동안 그 모든 것을 살펴볼 수 있다. 이 책은 특별한 사람들이 산전수전을 겪으며 깨달은 지혜를 소개하는 책이 아니다. 내가 요양원에서 만나는 이들은 대부분 옷을 입거나 TV 리모컨을 사용하는 데도 도움이 필요한 사람들이다. 이 책은 인간이란 어떤 존재이고 삶에 따르는 본질적인 시련이 무엇인지 살펴보고 우리에게 진정 중요한 것은 무엇인지를 알려준다.

더 늦기 전에 마주해야 할 인생질문들

이 책에 담긴 생각과 개념은 내가 요양원에서 일하면서 자연스럽게 쌓인 것들이다. 노화나 정신의학에 관한 이론이나 연구 모델을 참고했지만 기본은 경험을 토대로 했다.

세상의 축소판인 요양원에서 얻은 삶과 인간성에 대한 보편적 진리는 복잡하고 빠르게 돌아가는 이 시대를 살아가는 현대인에게 삶의 길잡이가 되어줄 것이다. 특히 중년 이후, 노년의 삶을 준비하는 사람들에게는 인생에서 잊지 말아야 할 중요한 것이 무엇인지, 어떻게 살아가야 할지를 다시 생각해보게 하는 지침이 되어줄 것이다.

다시 한번 말하지만 이 책은 노인이나 요양원 거주자, 요양원에서 일하는 사람들만을 위한 책이 아니다. 요양원은 단지 이 책의 내용을 이끌어주는 사람들이 지내는 환경일 뿐이다. 우리 모두는 겉모습이 다르고 다른 조건과 환경에서 살아가지만 기본적으로 동일한 문제를 마주하고 있다. 따라서 요양원의 노인들에게 이로운 방법이라면 모든 사람에게도 적용할 수 있다.

이 책은 소설처럼 쉽고 빠르게 읽히지 않을 수도 있다. 하지만 각 장에 담긴 인생질문을 통해 독자들은 잠시 책장을 덮고 깊은 생각에 잠기게 될 것이다.

차례

인생질문 01

—

—

—

고통과 괴로움 없이 나이 들 수는 없을까?

:

"그래요. 그건 한 사람이 감당하기에는 쉽지 않은 일이지요."

조너선은 내 대답에 잠시 놀라더니 흐느껴 울었다.

잠깐 동안이지만 좋은 현상이었다.

평소의 조너선은 주로 분노와 절망, 무력감을 보였지만

이때의 그는 슬픔이라는 감정을 솔직하게 드러냈다.

나는 이해와 수용적인 자세, 그리고 그의 나약한 모습을 목격하고도

흔들림 없는 태도로 조너선을 대했다.

그의 슬픔이 나에게 미칠 영향을 두려워하지 않았다.

그를 둘러싼 상황은 그대로였지만

조너선은 괴로움에서 조금이나마 벗어난 듯했다.

일상을 지배하는 크고 작은 시련

87세의 조너선은 만성 폐쇄성 폐 질환과 심장 질환으로 건강이 악화되어 몇 해 전에 요양원에 왔다. 그는 늘 만성피로에 시달리고 몸이 약해서 누군가의 도움 없이는 일상생활이 불가능한 상태였다. 하지만 아내 클로뎃 역시 암 환자로 요양원에서 생활하는 데다 두 딸 중 한 명은 몇 해 전에 세상을 떠났고 남은 딸마저 두 달 전에 사망했다. 그로 인해 부부의 상실감이 얼마나 컸을지는 상상조차 할 수 없다.

그를 방문했을 때 조너선은 내 눈을 바라보며 "내가 얼마나 더 버틸 수 있을까요?"라고 물었다. 그건 질문이 아니라 '더 이상은 견디기 힘들어!'라는 절규에 가까웠다. 그 짧은 한마디를 통해 조너선이 겪고 있는 삶의 고달픔이 고스란히 전해졌다. 삶에는 많은 고통이 따른다. 살면서 겪는 힘든 일들은 고통과 슬픔, 좌절, 고뇌, 심리적 불편을 안겨준다. 병에 걸리고 소중한 사람을 잃고 직장에서 해고당하거나 수많은 거절을 경험하고 경제적인 어려움을 겪을 수 있다. 이 밖에도 일상 속에는 크고 작은 시련이 가득하다. 조너선의 건강 상태를 호전시키거나 자식을 먼저 떠나보낸 슬픔을 없애주고 아내의 말기암을 고쳐주기 위해 내가 할 수 있는 일이 있을까? 아무것도 없다. 그럼 도와줄 수 있는 방법은 있을까? 다행히 많다. 나는 조너선을 고통스럽게 하는 외부적 상황을 마법처럼 바꿔줄 수는 없지만, 그의 내적인 상황은 변화시킬 수 있다.

고통과 괴로움은 다른 문제다

삶에는 필연적으로 고통(pain)이 따른다. 그러나 고통에 대한 감정적 반응인 괴로움(suffering)은 고통과는 별개로 선택이 가능하다. 이쯤에서 독자들은 '웬 심리학자가 또 모든 문제는 머릿속에 있다고 주장하는군!'이라고 생각할지 모른다. 하지만 결과적으로는 내 말이 맞다. 괴로움은 얼마든지 줄일 수 있으며 조너선 같은 상황에 놓인 사람들에게 도움이 되는 방법이 있다는 사실을 입증하는 다양한 연구 결과가 있다. 두뇌와 유아 발달을 연구하고 트라우마 환자들을 살피는 전문가들의 주장은 나의 임상 경험과 일치한다. 신경학자들은 고통을 인식하는 곳과 감정의 경험을 담당하는 뇌의 영역이 서로 다르다고 결론내렸다. 고통과 괴로움은 긴밀하게 연결되어 있지만 실질적으로는 개별적이다. 따라서 뇌는 신체 상해나 심리적 고통은 인지하되 괴로움이라는 정서적 반응은 차단 또는 최소화할 수 있다. 삼차 신경병증(trigeminal neuropathy)이 대표적인 예로, 이 질환은 얼굴에 엄청난 통증을 가져올 수 있다. 이 경우 약으로 치료가 불가능한 환자는 뇌의 감정센터와 연결되는 신경로를 차단하는 수술을 받는다. 이 신경외과적인 수술을 받은 환자는 여전히 통각은 느끼지만 대수롭지 않은 수준으로 줄어든다. 다시 말해서 더 이상 괴로워하지 않는다. 통

증에 대한 정서적 반응을 겪지 않기 때문이다.[1]

전문가들은 유아에게서 정서적 발달과 건강에 관한 흥미로운 사실을 발견했다. 특히 보호자와 유아의 상호작용에 관해서다. 연구 결과 유아는 감정이 상했을 때 보호자가 자신의 정서 상태에 세심하게 반응해주면 위안을 얻는다. 보호자의 적절한 반응이 유아의 뇌에서 신경전달물질의 활동과 호르몬, 심장박동, 감정에 긍정적인 변화를 일으키기 때문이다. 그 결과 부정적인 정서 상태가 줄어들고 긍정적인 정서가 들어선다.[2] 다시 말해서 말로 감정을 표현할 수도 없고 감정을 상하게 만든 원인 자체도 변하지 않았지만 보호자의 공감 반응이 유아의 괴로움을 덜어준 것이다.

물론 유아가 배고프거나 오줌을 싸거나 했을 때 먹이고 기저귀를 갈아주면 도움이 될 것이다. 하지만 유아는 뚜렷한 이유 없이 울기도 한다. 우는 이유가 불확실해도 아이를 달래기 위해서 위안이 꼭 필요할 때가 많다. 부모라면 누구나 애정 어린 부드러운 반응이 우는 아이를 진정시키는 데 도움이 된다는 사실을 안다. 그런데 그런 부모의 행동이 유아의 신체에도 영향을 미친다는 사실을 아는가? 관심 어린 보살핌은 겉으로 드러나는 괴로움의 신호를 줄여줄 뿐만 아니라 생체 신호까지 변화시킨다. 괴로움의 원인이 무엇이든 그것과는 상관없이 유아의 정서와 행동, 신체에 긍정적인 변화를 일으킨다.

나는 당신을 이해합니다

트라우마 연구에서는 회복을 촉진하는 요인에 큰 관심을 쏟는다. 물론 트라우마의 발생 자체를 예방할 수 있다면 가장 좋을 것이다. 그러나 그것은 불가능하므로 트라우마를 벗어나 성공적인 회복이 가능하도록 도와주는 요인을 찾는 것이 중요하다. 트라우마 피해자를 대상으로 한 여러 연구에 따르면 성공적인 회복에 가장 큰 영향을 미치는 것은 사랑하는 가족이나 친구로부터의 지원 시스템이다.[3]

이런 연구 결과는 내가 요양원에서 얻은 결론과도 일치한다. 요양원 거주자들은 대부분 조너선처럼 되돌릴 수 없는 부정적인 일을 겪었다. 하지만 그들이 처한 상황과 감정에 적절한 반응을 보임으로써 괴로움을 상당 부분 줄일 수 있었다. 예를 들면, 얼마나 더 견딜 수 있을지 모르겠다는 조너선의 절망적인 외침에 대해 나는 "한 사람이 감당하기에는 쉽지 않은 일이지요"라는 말로 대화를 시작했다. 그는 놀라움이 가득한 표정으로 나를 바라보았다. 그 놀라움은 두 가지로 해석할 수 있는데, 첫째는 내가 자신이 짊어진 짐의 무게를 분명히 이해한다는 것, 그리고 둘째는 내가 자신을 이해한다는 사실을 거리낌 없이 표현한 것에 대한 놀라움이었다. 사람들은 흔히 유쾌하지 못한 현실을 자신이나 타인을 보호하기 위해 부정하거나 축소하거나 포장하는 경우가 많다. 그렇게 함으로써 자기 감정이 잘못되었음을 입증하거나 또는 다른 사람이 알아차리지 못하게 하려는 것이다.

내 말에 조너선이 어떤 반응을 보였을까? 그는 잠깐 놀라더니 흐느껴 울었다. 잠시 동안이지만 좋은 현상이었다. 우리 두 사람은 괴로움이 치유되도록 도와주는 요소를 바탕으로 깊은 교감을 나누었다. 믿을 만한 가까운 사람에게 감정을 표현하는 것 말이다. 평소의 조너선은 주로 분노와 절망, 무력감을 보였지만 이때의 그는 슬픔이라는 감정을 솔직하게 드러냈다. 나는 이해와 수용적인 자세, 그리고 그의 나약한 모습을 목격하고도 흔들림 없는 태도로 조너선을 대했다. 그의 슬픔과 강렬한 감정이 내 감정에 미칠 영향에 대해 두려워하지 않았다. 그를 둘러싼 상황은 그대로였지만 조너선은 괴로움에서 조금이나마 벗어난 듯했다.

고통을 없앨 수는 없지만 줄일 수는 있다

나는 요양원 거주자들에게 고통과 괴로움은 다르며 고통의 원인은 그대로라도 괴로움은 줄일 수 있음을 알려주기 위해 종종 이 같은 일상적인 사례를 예로 든다. 네 살짜리 어린아이가 아스팔트 위에서 엄마를 향해 달려가다가 넘어져서 울음을 터뜨린다. 무릎도 까졌다. 하지만 엄마가 아이를 들어 올리자 금방 울음을 그친다. 다친 무릎은 그대로지만 아이는 위안을 얻는다.

우리는 가까운 사람이 괴로워하면 그가 처한 상황을 바꿔서 고통을 멈춰줘야만 한다고, 가만히 안아주면서 위로와 애정을 표현하는 것은 아무런 도움도 되지 않는다고 잘못 생각한다. 하지만 괴로움을 다 없앨 수는 없고 그래서도 안 된다. 고통은 피할 수 없는 삶의 한 요소다. 하지만 그에 따르는 괴로움을 줄일 수는 있다. 조너선처럼 사랑하는 사람을 일찍 떠나보내거나 병이나 장애를 얻거나 배우자가 곧 죽음을 앞둔 것처럼 극도로 힘든 상황을 겪고 있는 사람이라도 괴로움을 줄여줄 수는 있다. 가장 반가운 사실은 누구든지 그것을 도와줄 수 있다는 것이다. 오로지 연민만 있으면 가능하다. 의학이나 종교 같은 특정 분야의 교육을 받은 사람이 아니라도 된다. 중학교나 고등학교도 제대로 나오지 못한 할머니가 누구보다 손주를 잘 위로해주지 않는가.

•• Lesson 01

고통과 괴로움은 별개로, 괴로움은 선택 가능하다

+ 심리적으로 괴로울 때는 가족과 친구들에게 도움을 청한다.

해결 가능한 문제라면 현실적인 도움을, 만약 불가능하더라도 정서적 지원을 받을 수는 있다.

+ 종교 단체나 자조 모임을 찾는 것이 때로는 도움이 된다.

조너선이 타인의 공감을 통해 괴로움을 이겨낼 수 있었던 것처럼 누군가 자기 마음을 알아주기만 해도 괴로움이 줄어들 수 있다. 때로는 개인적으로 전혀 모르는 관계가 오히려 고민을 나누는 데 더 편할 수도 있다.

+ 꼭 실질적인 도움만을 주려고 애쓸 필요는 없다.

연민과 사랑, 정서적 지원이 지닌 치유의 힘을 절대 과소평가해서는 안 된다.

인생질문 02

—

—

—

살아가는 데 사랑이 꼭 필요할까?

:

프랭크는 근육위축가쪽경화증을 앓고 있었다.

그의 자녀들은 아버지를 계속 집에서 모시고 싶어 했지만

안전하고 편안하게 보살피기가 어려워 요양원에 보내게 되었다.

가족과 친구들이 자주 프랭크를 만나러 왔다.

프랭크는 정신은 멀쩡하지만 몸을 움직일 수가 없었고

미래가 암담한데도 놀라울 정도로 항상 밝은 모습이었다.

반면 파킨슨병을 앓고 있던 안젤로는

프랭크보다 건강 상태는 더 좋았지만 자주 화를 냈고

사람들에게 아들이 자신을 요양원에 '버렸다'고 말하곤 했다.

그의 두 아들은 주말마다 교대로 아버지를 방문했지만

순전히 의무감 때문이라는 느낌이 들었고,

안젤로는 그때마다 자주 오지 않는다며 화를 내고 불평했다.

폭격보다 강력한 엄마의 사랑

제2차 세계대전은 인간의 욕구에 대한 놀라운 정보를 제공했다. 당시 영국에서는 많은 아이들이 고아원과 보육원으로 보내졌는데, 특히 폭격이 끊이지 않던 런던의 부모들은 아이들을 다른 곳으로 보내 보호하라는 권고를 받았다. 그런데 이후 연구 결과에 따르면 이렇게 해서 집을 떠난 아이들 중 상당수가 의식주가 제공되는 따뜻하고 깨끗하며 안전한 곳에서 지냈는데도 심리적인 고통을 겪었다는 사실이 밝혀졌다. 전문가들은 이 아이들이 고통을 겪은 것은 그들의 정서적 욕구가 충족되지 않았기 때문이라고 결론지었다.[1] 아이들에게는 애착과 유대감을 형성할 만한 보호자가 없었다. 괜찮은 수준의 보살핌이 신체적 욕구는 충족해줄 수 있었지만 건전한 정서적 발달을 지속시켜주기에는 역부족이었던 것이다.

제2차 세계대전 당시 런던의 아동보호 조치는 인간이 살아가려면 가장 기본적인 신체적 욕구가 충족되는 것만으로는 부족하다는 사실을 보여준다. 사랑과 애정, 사회적 관계는 행복하고 건강한 삶의 필수 조건이다. 이와 관련해 밝혀진 인상적인 사실이 하나 더 있다. 이미 폭격이 있었고 추가 폭격과 그 밖의 충격적인 경험(화재, 사상자 목격 등)에 노출된 상태에서도 엄마와 함께 지낸 아이들은 집과 가족으로부터 떨어져 보육원에서 지낸 아이들보다 훨씬 상태가 양호했다는 것이다. 아이의 정서적 안정에 관한 한 엄마의 사랑이 폭격보다 강력했다. 주관적인 안전이 객관적인 위험을 이겼다. 이처럼 인간관계는 사회적 안정에서 중요한 부분을 차지한다.

요즘 테러리스트들은 '인간 방패'를 사용한다. 일반적으로 전쟁 시 군인들은 부수적 피해를 최소화하기 위해 가급적 민간인들로부터 멀리 자리 잡는다. 하지만 테러리스트들은 전쟁 억제 수단으로 비도덕적인 테러 전술을 사용한다. 무고한 민간인의 희생 가능성이 상대방에게 도덕적 구속력으로 작용하기 때문이다. 공격 도중에 민간인 사상자가 발생하면 엄청난 잔혹 행위를 저지른 것이 되므로 테러리스트들은 이 점을 이용해 자신들에게 정치적 타당성을 부여하는 것이다.

하지만 인간 방패는 긍정적으로 활용될 수도 있다. 사랑하는 부모와 가족이라는 익숙한 환경에 둘러싸여 있으면 탄탄한 방어막이 된다. 끊임없는 폭격 위험에 노출된 런던의 어린이들은 건물 잔해에 매장되기도 했다. 그러나 보고에 따르면 가족이라는 방어막을 두른 아이들은 위험천만한 환경에서 지내면서도 괴로움의 징후를 전혀 보이지 않았다고 한다. 애정 가득한 관계가 안정감을 주고 특별한 괴로움을 느끼지 않도록 해준 덕분에 위험한 상황에서도 친구들과 놀면서 행복하게 지낼 수 있었던 것이다. 흥미로운 사실은 이 아이들이 느낀 정서적 안정은 보호자, 특히 엄마의 상태와 관련이 있었다는 점이다. 엄마가 심리적 불안감이나 정서장애를 보이면, 그것이 자녀의 정서적 안정에도 부정적인 영향을 미쳤다. 한마디로 전쟁의 참혹한 상황보다 엄마의 심리·정서 상태가 아이에게 더 큰 영향을 미쳤다는 것이다.

요양원은 노인들의 고아원

보호자 없이 혼자서 살아갈 수 없는 아이들에게는 반드시 애정이 안정적으로 공급되어야만 한다. 그런데 아이가 조금씩 독립적이 되어 집 밖에서의 인간관계가 더 중요해지기 시작하면 가정에서의 사랑은 예전만큼 중요하지 않은 것처럼 보인다. 하지만 이것은 잘못된 추측이다. 단지 사랑의 공급원이 늘어난 것일 뿐이다. 아이는 자라면서 인간관계가 다양해지고 정서적 이해와 인지 기능의 발달로 상징적인 형태의 애정 표현에 익숙해진다. 예를 들어 열두 살짜리에게 친구의 따뜻한 한마디는 큰 의미가 있다. 어렸을 때처럼 관심이 꼭 물리적인 방식으로 명백하게 표현될 필요가 없어진다. 그런데 젊은 시절을 지나 나이가 들면 신체적·정신적 기능이 퇴화되면서 의존성이 커지고 자신감도 잃는다. 예전 같은 만족스러운 상호작용이 부재하므로 다시 어릴 때처럼 구체적으로 사랑을 표현해줘야만 한다.

요양원 노인들과 가족이나 친구, 요양원 관계자들의 상호작용을 보면 긍정적인 인간관계에 담긴 힘을 실감할 수 있다. 노인들과 가장 자주 그리고 신체적으로 가장 친밀하게 접촉하는 요양원 관계자들은 그들이 긍정적인 인간관계를 유지하는 데 매우 중요한 역할을 한다.

근육위축가쪽경화증(일명 루게릭병)을 앓고 있는 67세의 프랭크는 아내와 사별했고 1남 1녀를 두고 있었다. 자녀들은 아버지를 계속 집에서 모시고 싶어 했지만 안전하고 편안하게 보살피기가 어려워 요양원에 모셨다. 가족과 친구들이 자주 프랭크를 만나러 왔다. 프랭크는 정신은 멀쩡하지만 몸을 움직일 수가 없었고 미래가 암담한데도 놀라울 정도로 항상 밝은 모습이었다.

반면 파킨슨병을 앓고 있던 78세의 안젤로는 가족과 사이가 좋지 않았는데 그게 평소 기분 상태에서도 드러났다. 프랭크보다 훨씬 상태가 좋았지만 그 역시 병세가 계속 악화되고 있어 암울하기는 마찬가지였다. 안젤로에게는 아들이 둘 있었고 아내는 오래전에 세상을 떠났다. 그는 평소에도 자주 화가 나 있었고 사람들에게 두 아들이 자신을 요양원에 '버렸다'고 말했다. 두 아들은 주말마다 교대로 방문했는데, 안젤로는 그때마다 자주 오지 않는다며, 집으로 데려가 달라고 불평했다. 안젤로가 아들들과 함께 있는 모습을 봤는데 두 아들 역시 순전히 의무감 때문에 방문하고 있다는 느낌이 들었다. 게다가 그들이 아버지의 무리한 요구에 분개하고 있음도 알 수 있었다.

좋은 인간관계는 행복과 직결된다

프랭크와 안젤로의 이야기를 통해 하고 싶은 말은 두 가지다. 하나는 가족관계에 대한 것이고 또 하나는 가족 이외의 관계에 대한 것이다. 프랭크는 가족과의 관계가 좋은 덕분에 그들로부터 사랑과 지원을 충분히 받았다. 비록 건강 상태와 현실은 암울하지만 스스로 사랑과 보살핌을 받는다고 느끼므로 평소 좋은 기분을 유지할 수 있다. 반면 안젤로는 가족과의 관계가 나빠서 정서적 적응에 전혀 도움이 되지 않았다. 방문과 전화 통화로 자식들과 접촉을 하지만 그의 부정적인 태도와 분노가 모든 것을 망쳐버리곤 했다.

프랭크는 평소 요양원 관계자나 룸메이트, 다른 환자들과도 좋은 관계를 유지함으로써 정서적 지원을 더 많이 받는다. 가족들에게 정서적 지원을 얻지 못하는 안젤로는 긍정적인 인간관계의 필요성이 더 절실한데도 부정적인 태도로 일관해 사람들을 다 쫓아낸다. 사람들이 그와 함께 있는 것을 못 견딘다. 안젤로가 타인과의 관계 및 접촉을 유익하게 활용하려면 전문가의 도움이 필요하다.

요양원 노인들은 요양원 바깥에 정서적 지원체계가 전혀 없는 경우도 있다. 자식이 없거나 형제자매가 모두 먼저 세상을 떠났거나 가족 및 친척과 연락을 끊었을 수도 있다. 그래도 정서적 지원을 얻는 방법이 있다. 요양원 안에서 돌봄 제공자들이나 다른 거주자들과 긍정적인 관계를 맺는다면 필요한 사랑을 채울 수 있다. 안젤로처럼 다가오는 사람들마저도 쫓아버리지만 않는다면 말이다.

인간관계가 행복감에 미치는 중대한 영향은 노인들과 돌봄 제공자들의 상호작용에서도 나타난다. 요양원의 돌봄 제공자들은 노인들의 가장 개인적인 신체적인 욕구를 충족시켜준다. 병가나 휴가 또는 이직으로 빈자리가 발생하기라도 하면 요양원은 아수라장이 된다. 노인들은 돌봄 제공자들을 교체 가능하거나 임의적인 대상으로 보지 않는다. 그들은 평소에 제공되던 보살핌이나 접촉이 사라지면 불행하다고 느낀다. 한편, 돌봄 제공자들의 태도는 물리적으로 환자를 다루는 방식만큼이나 중요하다. 아니, 더 중요할 수도 있다. 돌봄 제공자가 노인과 잘 맞지 않으면 아무리 돌봄 능력이 전문적이고 탁월하다고 해도 효과를 발휘하지 못한다. 예를 들어 노인은 명랑하고 잡담 나누기를 좋아하는데 돌봄 제공자가 사무적인 태도로 일관한다면 노인은 그가 차갑고 무심하다고 느낄 것이다. 반대로, 노인이 침울한 분위기인데 돌봄 제공자는 쾌활하다면 노인은 모욕당한 기분이 들 것이다.

감정 조율은 돌봄 제공자들에게 대단히 중요한 일이다. 정기적 접촉과 정서적 조화라는 두 가지 요소는 노인과 돌봄 제공자 간의 관계 발전에 크게 영향을 미친다. 물론 요양원에서 신체적 욕구는 항상 충족된다. 돌봄 제공자는 매일 요양원 거주자를 깨끗하게 씻기고 옷을 입히고 식사를 돕는다. 친숙한 이야기 아닌가? 제2차 세계대전 당시 영국의 아동보호 시설에서 이루어진 연구에서 알 수 있듯이 애정적 관계는 중요하다. 1940년대에 이루어진 그 연구를 토대로 심리학자들은 정신 건강 발달을 위한 이상적인 환경은 애정적 관계 안에서 만들어진다는 사실을 증명했다.[2] 보호자가 믿을 수 있는 존재로 함께하면서 안정적인 애착 관계를 형성해야 하며 이때 보호자는 아이의 태도 및 행동에 올바르게 대처해야 한다. 요양원은 노인에게 고아원이나 마찬가지다. 따라서 고아원 아동들을 대상으로 한 연구 결과를 동일하게 적용할 수 있다. 노인들에게도 정서적 돌봄은 매우 중요하다. 이는 요양원에서뿐만이 아니다. 모든 사람에게는 두렵거나 지치고 아플 때 정서적으로 보호해줄 믿을 만한 존재가 필요하다.

사랑은 곧 관심이다

애정 어린 관심은 다양한 방법으로 표현할 수 있다. 예를 들어 나는 요양원의 노인들에게 신체적 보살핌을 제공하는 요양보호사들이 옷을 갈아입혀줄 때 노래를 불러줌으로써 적절하게 연민을 표현하는 모습을 보았다. 약을 줄 때마다 꼭 가루를 내서 사과 소스에 넣어주는 경우도 보았는데 이 역시 그 사람이 무엇을 좋아하는지 기억해서 관심을 표현한 것이었다.

나는 심리치료 전문가이기 때문에 요양원 거주자들에게 신체적인 보살핌을 제공하지는 않는다. 그 대신 그들에게 느끼는 연민의 감정을 비언어적인 형태로 표현하고(이를테면 눈빛과 표정, 작은 몸짓 등으로 격정하는 태도를 보인다) 기본적으로는 말로써 표현한다. 환자의 불만을 이해해주고 세심한 반응을 보이는 것이다. 공감해주는 말을 한다거나 실질적인 해결책을 제시하거나 이전에 나눈 대화 내용을 기억했다가 다시 언급한다거나 하는 식이다. 특히 상대방이 한 말을 기억해주는 것은 내가 상대방을 중요하게 여긴다는 사실을 드러내는 데 매우 효과적이다. 예전에 나눈 대화 내용을 기억하는 것은 상대방에게 포옹과 같은 느낌을 준다는 연구 결과도 있다.[3] 이 연구 결과가 맞는지는 치매 환자를 둔 가족들을 보면 알 수 있다. 치매 환자들은 이전에 나눈 대화를 기억하지 못하므로 가족들은 다 알지만 때때로는 어쩔 수 없이 그가 자신을 잊었거나 중요하게 여기지 않는다는 느낌을 받는다. 좌절과 분노, 슬픔은 말할 것도 없다.

중요한 것은 누구나 사랑과 애정을 필요로 하고 사랑에 대한 욕구는 평생 지속된다는 점이다. 나이가 어리든, 나이가 많든 우리는 평생 사랑을 필요로 한다. 사랑이 정기적으로 충족되지 않으면 불안, 우울증, 무기력감, 삶에 대한 의지 감소 같은 형태로 괴로움이 찾아온다. 음식을 아무리 많이 먹고 공기를 아무리 많이 들이마신다 해도 그것들이 필요 없어지는 게 아닌 것처럼 말이다. 사랑은 우리를 살아 숨쉬게 하는 자양분이다.

•• Lesson 02

사랑은 타협할 수 없는 평생의 필요조건이다

+ **사랑을 필요로 한다고 해서 의존적인 사람이라는 뜻은 아니다.**

  이 사회에는 사랑을 필요로 한다는 것에 대해 아무런 근거도 없는 부정적인 시각이 존재한다. 사랑을 필요로 하는 것은 당신이 나약해서가 아니라 그저 당신이 인간이기 때문이다.

+ **타인이 주는 사랑을 받아들이는 태도 또한 중요하다.**

  당신은 지금 가족이나 친구가 주는 사랑을 제대로 받아들이지 않고 있을 수도 있다. 사랑을 자연스럽게 잘 받아들이는 태도 또한 중요하다.

+ **주변 사람들에게 사랑의 공급원이 되어주고 있는가?**

  주변에 사랑을 나눠주면 기분이 좋아질 뿐만 아니라 더 큰 사랑으로 되돌아온다. 모든 것은 뿌린 대로 거두는 법이다.

인생질문 03

—

—

—

내가 쓸모없는 사람처럼 느껴질 때는 어떻게 해야 할까?

완전히 의욕을 잃은 팀에게 나는
“진짜로 모든 걸 포기했다면 상담 치료도 받지 않고
식사에 대한 불평도 하지 않겠지요!”라고 했다.
그러자 팀은 자신의 행동에서 삶에 대한 의지가
엿보인다는 사실을 깨달았다.
자기도 모르게 자신의 상태가 좀 더 호전되기를 바랐던 것이다.
혼자 걸을 수 있고 가족이 방문할 때 즐겁게 맞이하고
예전처럼 다시 독서를 즐길 수 있도록 말이다.
삶의 의미와 목적이 꼭 거창할 필요는 없다.
고통과 괴로움을 견뎌야 할 이유는 지극히 개인적인 것이어도 된다.

닥터 샤먼

병에 걸리거나 다치면 심리적으로도 타격을 입는다. 무엇보다 '과연 나을 수 있을까? 영영 돌이킬 수 없이 망가진 것은 아닐까?'라는 의문이 계속 자신을 괴롭힌다.

병과 상해는 자기 자신에 대한 믿음을 무너뜨려 의욕을 떨어뜨릴 수 있다. 축구 연습 중 발목을 다친 혈기 왕성한 17세 소년이든, 당뇨가 있고 넘어져 고관절을 다친 75세 노인이든 마찬가지다. 회복을 위해서는 투지가 필요하다. 높은 사기와 투쟁 정신이 있어야 건강을 되찾을 수 있다.

근대 의학이 널리 퍼지기 전에는 종교 또는 영성과 관련 있는 사람들이 병을 치료했다. 고대에는 신체적 장애를 영성의 문제로 생각해 초자연적인 치료법을 썼다. 이제 미국을 비롯한 대부분의 선진국에서는 영적인 치유가 아니라 과학을 토대로 하는 의학으로 신체적 질병을 치료하게 되었지만, 정신적인 부분이 완전히 무시되는 것은 아니다. 회복을 위해서는 건강과 신체적 기능을 되찾으려는 의지가 반드시 필요하다.

내가 요양원에서 하는 일은 정신의학적 진단과 장애 치료에 집중되어 있지만 환자들의 의욕을 높이는 데도 많은 노력을 기울인다. 요양원에서는 사기를 높여주고 유지시키는 일이 매우 중요하다. 그래야 신체적, 의학적인 보살핌이 더 큰 효과를 볼 수 있다. 나는 요양원에서 과학자나 임상심리학자보다는 주술사에 더 가깝게 행동한다. 환자의 사기가 높을수록 건강과 행복 지수도 올라간다고 조금의 망설임도 없이 말할 수 있다. 반대로 사기가 낮으면 회복하는 데 방해가 되거나 또는 치료 효과가 떨어진다.

사기 저하는 우울증과 다르다

팀의 가장 큰 문제는 사기 저하였다. 76세인 그는 요양원에서 생활한 지 3개월째였다. 병원에서 고관절 수술을 받은 후 요양원으로 옮겨졌다. 독신인 그는 역시 결혼하지 않은 형, 자녀가 없고 남편과 사별한 여동생과 함께 살았다. 이들은 서로 사랑과 지지를 주고받는 관계였다. 팀이 고관절 수술 후 회복을 위해 요양원에서 장기적인 생활을 하게 된 것은 모두가 합의해서 내린 결정이었다. 팀의 설명에 따르면 세 사람 모두 늙었고 정도는 다르지만 저마다 몸이 불편해서 '앞 못 보는 세 마리 생쥐' 같았다.

팀의 신체적 기능은 좋은 편이라 이야기를 나누는 데 어려움이 없었다. 그는 친절하고 말솜씨도 좋았다. 제2차 세계대전에 군인으로 참전했고 오랫동안 우체국 관리직으로 일하다 은퇴했다고 했다. 처음 만났을 때 그는 요양원의 회복기 재활 병동에 머무르며 인공 고관절 수술에 따른 재활 치료를 받고 있었다. 물리 치료과와 작업 치료과에서 팀의 심리 상담을 부탁한 이유는 그가 평소 부정적이고 감정적인 태도를 보이고 적극적으로 치료에 임하지 않아서였다. 팀은 종종 치료를 거부했고 어쩌다 치료를 받더라도 성의를 보이지 않았다.

그는 나에게 불만과 우려를 솔직하게 털어놓았다. 빠르게 쏟아내는 말 속에서 압박감과 혼란, 괴로움이 드러났다. 나는 대화를 끝낸 후 그가 사기 저하 상태라고 결론을 내렸다. 우울증이 아니라는 사실도 명백했다. 우울증과 사기 저하는 엄연히 다른 상태다. 사기 저하의 증거는 그가 쏟아내는 불만에서 드러났다. 고관절 수술을 집도한 의사는 팀에게 실망감을 안겨주었다. 수술 전에 예후를 제대로 설명해주지 않아서였다. 의사가 수술의 장점만 강조했을 뿐 수술 후에 느낄 통증과 불편함에 대해서는 이야기해주지 않았다고 했다. 팀은 요양원의 식사 서비스에 대해서도 분노를 표출했다. 그날 아침 식사도 자기가 요청한 메뉴를 받지 못했다는 점을 강조했다. "식사처럼 사소한 일에도 문제가 있는데 다른 부분을 어떻게 신뢰할 수 있겠어요?" 한마디로 그는 담당 의사와 요양원 관계자들을 불신했다.

내가 재활 치료를 적극적으로 받지 않는 것에 대해 걱정하자 그는 "몸이 너무 약하고 통증도 심해서 할 수 있을지 모르겠어요"라고 대답했다. 자신에 대한 믿음마저 없었던 것이다. 팀은 굳이 건강을 회복하기 위해 노력해야 할 이유를 모르겠다고 했다. 앞으로 요양원에서 장기 생활을 하기로 형, 여동생과 이야기를 끝낸 상태라서 어차피 집으로 돌아가지도 않을 텐데 몸이 어떤 상태든 무슨 상관이냐고 되물었다. 그가 목적의식을 잃었음을 알 수 있었다.

"난 병들고 고장 난 늙은이일 뿐이에요. 날 필요로 하는 사람도 없고 신경 쓰는 사람도 없지요. 나 자신조차도 내게 관심이 없어요." 쓸모없는 사람이 되었다는 수치심과 자괴감이 가득 담긴 말이었다. 또 다른 사기 저하의 증거에는 절망과 무력감도 엿보였다. "재활 치료를 받아도 나아질 게 없어요. 그런데 굳이 고통을 참아가면서까지 힘들게 노력할 필요가 있어요? 난 절대로 회복하지 못할 겁니다."

사기 저하에서 벗어나는 방법

돌봄 제공자들에 대한 불신, 점점 낮아지는 자신감과 자존감, 목적의식 부재, 절망감과 무력감은 사기 저하의 전형적인 특징이다. 사기 저하 현상은 그동안 제대로 인식되지 않아 널리 규명되지 않았지만 최근 들어 정신 건강 전문가 및 의학 전문가들의 관심이 커지고 있다. 이는 환자의 치료 동기를 떨어뜨려서 심신에 큰 병을 일으킬 수 있는 위험 요인이다. 특히 우울증으로 이어질 수 있어 위험하다.[1]

사기 저하와 우울증은 비슷해 보이지만 별개의 상태로 각각 다른 치료가 필요하다. 우울증의 주요 특징에는 무관심, 쾌감 상실(예전에 좋아하고 관심을 가졌던 것에 대한 즐거움을 잃음), 의욕 저하가 있다. 사기 저하의 주요 특징은 모든 것이 다 부질없다는 생각이나 무기력함, 목적 및 의미 상실이다. 일반적으로 우울증 치료에는 심리 치료와 향정신성의약품 사용을 병행한다. 하지만 사기 저하에는 약이 별 효과가 없다. 희망과 자기 효능감(자신의 능력에 대한 스스로의 평가), 의미·목적, 타인과의 유대감을 회복시켜주는 심리 치료의 개입이 더 효과적이다.[2]

요양원에서는 사기를 북돋고 동기를 강화해주는 것이 치료의 최우선순위다. 요양원 거주자들은 재활 치료의 효과와 의료 관계자, 자기 자신에 대한 믿음을 되찾도록 도움을 받아야 한다. 이때 주위의 응원만으로는 한계가 있다. 그보다는 환자가 과거에 이룬 성취에 대해 일깨워주는 것이 더욱 효과적이다. 요양원 거주자들은 자신이 그동안 수많은 고난을 헤쳐왔다는 사실을 잊어버리고 있는 경우가 많다. 따라서 과거의 성공에 대한 이야기를 나누면 다시 자신감을 되찾을 수 있다. 현재의 상황을 헤쳐나갈 수 있는 능력이 자신에게 있다는 사실을 일깨워줌으로써 동기부여를 해주는 것이다. 회복이 진행되는 기준을 다시 짚어보는 것도 도움이 된다. 요양원 거주자들은 현재 자신의 상태를 아무런 문제없이 건강했던 시절과 비교하려는 경향이 있다. 그런 기준에서는 당연히 현재 상태가 끔찍하게 느껴질 수밖에 없다. 하지만 요양원에 처음 왔을 때의 상태를 상기시키고 그때와 비교하게 하면 조금씩 나아지고 있음을 깨닫고 의지를 되찾게 된다.

삶의 의미와 목적이 거창할 필요는 없다

몇 차례의 상담을 거치며 팀의 불만사항을 하나씩 해결해나갔다. 문제에 대한 이야기를 서로 나누는 것도 치료 중 하나였다. 압도적인 감정 변화와 그로 인한 혼란을 줄이기 위해 문제를 나눠서 한 번에 하나씩 다루었다. 우선 외과의에 대한 불신을 없애주기 위해 그 의사에게 수술을 받게 된 계기를 물었다. 팀은 형이 몇 해 전에 그 의사에게 수술을 받았는데 결과가 좋아서 믿음이 생겼다고 했다. 그는 수술이 최선의 방법이지만 회복 과정에 대해 사실적으로 설명하면 자신이 두려움을 느낄까 봐 의사가 자세히 설명하지 않았는지도 모르겠다고 말했다. 이러한 대화를 통해 팀은 처음에 그 의사를 선택한 것이 믿음에서 비롯된 일이었다는 사실을 떠올릴 수 있었다. 두 번째 불만이었던 식사 서비스에 대한 사항은 식사를 담당하는 책임자와 담당 사회복지사의 이름을 알려주는 방법으로 대처했다. 그에게 식사 문제를 직접 바로잡을 수 있는 권한을 주려고 한 것이었다. 내가 담당자에게 연락하는 일을 도와주겠다고 했지만 팀은 그럴 필요는 없다고 했다.

자신에게는 물리치료를 감당할 만한 능력이 없다고 생각하는 낮은 자신감에 대해서는 그가 예전에 했던 용감하고 대단한 일들을 떠올려 이야기하게끔 하는 접근법을 활용했다. 팀은 내게 제2차 세계대전 당시 육군 탱크 운전병이었다는 이야기를 여러 번 했다. 전장에서 최소한의 식량을 배급받으며 뼛속까지 스며드는 추위를 견뎠던 일 등 놀랍도록 용맹한 경험담을 들려주었다. 또한 어려운 시기에 부모님을 여읜 것이나 일과 실연으로 인한 상처를 이겨낸 이야기도 했다. 이런 식으로 과거의 성취를 하나하나 떠올림으로써 팀은 그동안 잊어버리고 있었던 자기 안의 힘을 불러 모을 수 있었다. 그는 지금보다 더 힘든 상황도 이겨낸 참전 용사였다. 우리는 둘 다 그 사실을 잘 알고 있었다. 단지 그에게 한 번 더 일깨워줄 필요가 있었을 뿐이다.

재활 치료가 끝나도 집으로 돌아갈 수 없다는 사실은 팀에게 목적의식을 빼앗았다. 요양원에서 계속 지내게 될 텐데 애써 나아질 필요가 없다고 느낀 것이다. 하지만 그가 자신을 완전히 포기한 것은 아니었다. 환자가 목적을 상실한 것처럼 보일 때 내가 활용하는 중재법은 바로 직접적인 질문을 던지는 것이다. "완전히 포기하지 않은 이유가 뭐였죠?"라거나 좀 더 나아가 "어르신보다 덜 괴로운 상황에서도 쉽게 포기하는 분들을 봤습니다. 어르신을 견디게 해주는 힘이 뭐죠?"라고 물을 때도 있다. 팀에게는 "진짜로 모든 걸 포기했다면 상담 치료도 받지 않고 식사에 대한 불평도 하지 않겠지요!"라는 말을 덧붙였다. 그러자 팀은 자신의 행동에서 삶의 의지가 엿보인다는 사실을 깨달았다. 자신이 왜 완전히 포기하지 않았는지도 알아낼 수 있었다. 지금보다 좀 더 나은 상태가 되고 싶어서였다. 혼자 걸을 수 있고 가족이 방문할 때 즐겁게 맞이하고 예전처럼 다시 독서를 즐길 수 있도록 말이다. 내 경험상 삶의 의미와 목적이 꼭 거창할 필요는 없다. 고통과 괴로움을 견뎌야 할 이유는 지극히 개인적이어도 된다.

형과 여동생이 얼마나 헌신적인지를 짚어주자 팀이 느끼는 수치심과 무가치함도 사라졌다. 형과 여동생은 노쇠한 몸을 이끌고 일주일에 여러 번 그를 보러 왔다. 팀의 방에는 그들이 방문했다는 사실을 일러주는 음식이나 읽을거리 등이 항상 있었다. 나는 그 흔적들을 언급하면서 그들이 얼마나 헌신적인지를 강조했다.

치료가 소용없다고 느끼는 부분에 대해서는 요양원 관계자들이 한 말을 전하고 경과 기록지를 읽어보게 하는 방법이 효과적이었다. 관계자들에 따르면 팀은 통증이 줄어들고 균형 감각과 근력, 보행 능력도 개선되고 있었다. "모든 환자에게 좋아지고 있다고 말할걸요?"라며 그 말의 진위 여부를 의심하는 그에게 경과 기록지는 의료 기록과 마찬가지로 개선 사항이 있건 없건 정확하게 기록한다는 사실을 알려주었다.

팀은 정신 기능이 좋은 편이고 언어 능력도 뛰어나 금세 사기 저하를 극복하고 심각한 신체적·정서적 문제를 예방할 수 있었다. 통증이 약해지고 움직임이 크게 좋아졌으며 수술 전보다 생활의 질도 높아졌다. 고관절 수술의 효과로 몸 상태가 좋아지고 요양원 생활에도 점차 적응해 팀은 돌이킬 수 없이 망가진 사람이 아니라 더 강한 사람으로 거듭났다.

절망과 마주할 용기가 필요하다

사기 저하의 원인은 신체적이거나 의학적인 문제 외에 또 있다. 모든 실패와 상실, 절망도 사기를 떨어뜨릴 수 있다. 힘든 상황일수록 문제와 감정을 회피하지 않고 똑바로 마주 보는 용감한 자세가 필요하다.

나는 이 분야에 몸담게 된 초기에 학습 장애의 하나인 난독증이 있는 아동을 연구했다. 난독증 아동은 지능이 정상이므로 일반 아동과 행동 면에서는 구분되지 않는다. 다른 학습에는 문제가 없는데 웬일인지 읽기에서만 어려움을 겪는다. 대체로 이 아이들은 초등학교 2~3학년이 되면 아무리 노력해도 다른 아이들처럼 자연스럽게 읽을 수 없다는 사실이 명백해진다. 따라서 무기력감이 들고 모든 게 다 헛수고라는 생각이 강해진다. 설상가상으로 다른 아이들의 눈에도 난독증이 분명하게 드러나고 수업 시간에 대표로 책을 읽어야 할 경우 굴욕감을 느끼게 된다. 이때 가장 일반적인 대처법은 회피다. 난독증 아동들은 아예 읽으려는 노력 자체를 포기한다. 결과적으로 약점이 더 두드러지고 실패가 거듭돼 부모와의 긴장 관계가 심해지고 자존감도 낮아진다. 그들은 자신에게 문제가 있는 것처럼 느낀다고 했다. 뇌의 어딘가가 고장 나서 고칠 수 없는 것 같다고 말이다.

학습 장애와 관련해 다행스러운 사실은 뇌와 정신 기능, 행동은 가소성 또는 연성이 있어서 치료에 반응한다는 것이다. 일반적으로 학습 장애의 발견과 치료는 빠를수록 효과가 좋다. 이때 아동이 얼마나 열심히 참여하는지가 큰 요인으로 작용한다. 학습 장애 치료에는 지름길이 없다. 엄청난 연습이 필요한데 아이가 적극적으로 참여해야만 효과가 나타난다. 수없이 반복해서 자신의 약점을 확인하면 바보 같다는 생각이 들 수밖에 없으니 쉬울 리가 없다. 맞서 싸우기보다는 도망치는 쪽을 택하는 게 더 편할 것이다. 팀에게 희망과 자신감을 되살려준 방법처럼 사기의 회복이 난독증 치료의 성공을 좌우한다. 아이가 이로운 방법을 계속 시도하도록 충분한 동기부여가 이루어져야 한다.

사람들은 살면서 끊임없이 실패와 좌절을 경험한다. 특히 나이가 들수록 자신감도 낮아지고 다시 시작할 수 없을 것 같다는 생각에 주저앉게 된다. 그렇게 무기력하게 지내는 시간이 길어질수록 마음과 정신은 점점 더 가라앉아 다시는 일어설 수 없는 상태가 되고 만다. 만약 우울한 상태가 지속된다면 자신을 잘 들여다보고 사기 저하를 경계해야 한다. 잠깐 쉬면서 숨을 고르는 중인지, 영영 주저앉아버린 것인지를 잘 살펴야 한다. 스스로 자신을 포기하지만 않는다면 우리는 언제든 다시 일어설 수 있다.

•• Lesson 03

모든 시련에는 좌절이 따르지만 사기 저하는 경계해야 한다

+ **모든 좌절에는 자신에 대한 불신과 혼란, 실망이 따른다.**
특히 신체나 정신에 문제가 생기면 사기 저하가 심해질 수 있다. 친구와 싸우거나 직장 동료와 갈등을 빚거나 하는 일상적인 일도 자신에 대한 불신을 일으킬 수 있다. 시련에 대한 불안이나 좌절이 계속된다면 문제가 있는 것이다.

+ **사기 저하의 신호와 증상에 주의를 기울여야 한다.**
자신 또는 주변 사람에게서 사기 저하가 발견되면 도움을 요청해야 한다. 사기 저하의 대표적인 증상은 모든 게 헛수고라는 생각과 무력감이 커지고 목적의식이 없어지는 것이다.

+ **역경에 처하지 않았을 때도 사기를 높이는 데 신경을 써야 한다.**
평소 영감과 동기를 부여해주는 활동을 많이 하는 것이 좋다. 생활에 의욕을 불러일으킬 뿐만 아니라 시련이 닥쳤을 때도 유용하다.

인생질문 04

—

—

—

중년 이후의 삶을 위해 무엇을 준비해야 할까?

:

한 사람이 평생 가족과 주위 사람들에게

어떤 사람이었는지는 그가 나이 들고 힘이 없어졌을 때

주위 사람들의 태도를 보면 알 수 있다.

만약 가까운 사람들을 존중과 연민, 배려로 대했다면

그가 도움을 필요로 할 때 기꺼이 손을 내밀 것이다.

반면 평소에 사이가 별로 좋지 않았거나 인정 없이 굴었다면

정작 도움이 필요할 때 외면당할 수도 있다.

대개는 나이 든 부모를 대하는 자식들의 모습을 보면

그들이 평생 어떤 관계를 유지했는지를 알 수 있다.

사람은 쉽게 변하지 않는다

나이가 들었다고 갑자기 모든 사람이 친절한 노신사 또는 다정한 노부인이 될 수 있을까? 그건 불가능하다. 요양원을 한 번만 둘러보면 금방 확인할 수 있다. 노인들은 다른 연령대의 사람들과 마찬가지로 저마다 성격이 다양하다. 어린 시절의 성격은 성인이 되어서도 그대로 이어진다. 예를 들어 내성적이고 조심스러운 성격은 노인이 돼도 그대로다. 늙는다고 마법 같은 변화가 일어나는 것은 아니다. 젊어서 고약하고 고집이 센 사람은 늙어서도 여전히 그럴 것이다. 많은 사람들이 잘못 생각하고 있는 것처럼 모든 사람이 품위 있게 나이 먹어가는 것은 아니다. 게다가 나이 들수록 몸과 마음에 여러 가지 문제가 생기다 보니 부정적인 행동과 성격이 더 두드러지기까지 한다.

나는 요양원에서 늙을 준비가 안 된 사람들을 매일 만난다. 사실은 거의 모든 사람이 그렇다. 심지어 준비하려는 의지조차 없는 사람도 많다. '난 원래 이래'나 '이제와서 뭐가 달라지겠어'라는 생각으로 요지부동인 사람들이다. 그런데 안타까운 사실은 시간이 흐를수록 변하는 것 자체가 점점 어려워진다는 점이다. 그래서 나는 "지금부터 당장 바꿔보는 건 어떨까요?"라는 말을 모두에게 하고 싶다. 지금부터 건강과 인간관계, 재정 상황과 정신 상태를 개선하는 데 노력을 기울여야 한다. 다시 말하지만 나이 들수록 점점 더 어려워질 테니까!

병이 병을 키운다

마를렌은 건강 문제를 외면하면 결국에는 힘든 상황에 처한다는 사실을 잘 보여준다. 74세의 그녀는 상냥하면서도 소심한 구석이 있는 여성이었다. 남편과는 사별했고 세 자녀를 두었는데 요양원에서 지내는 동안 가족들은 그녀에게 극진한 정성을 쏟았다. 그녀는 발목을 다쳐서 재활 환자들을 위한 회복기 재활 병동에 머물렀다. 물리치료사들은 마를렌이 물리 치료를 극도로 두려워해서 치료를 적극적으로 받지 않아 경과가 좋지 않다고 전했다.

마를렌은 젊어서부터 걱정이 많은 편이었다고 말했는데, 실제로는 그보다 훨씬 심각한 상태였다. 그녀는 과거에 만성 불안증이 있었고 주기적으로 공황장애를 앓은 적이 있었다. 공황장애는 극심한 공포는 물론 땀 흘림, 떨림, 현기증, 호흡 곤란 같은 신체적 증상을 동반한다. 결코 가벼운 증상이 아닌데도 그녀는 단 한 번도 치료를 받지 않았다고 했다. 대부분의 사람들은 공황장애가 나타나면 혹시 심장마비가 아닐까 두려워서 응급실을 찾는데 말이다. 그뿐만 아니라 마를렌은 오랫동안 흡연을 해서 호흡기에도 문제가 있었다. 조금만 활동을 해도 금방 지치고 숨이 차서 그녀는 공포에 질리곤 했다.

마를렌은 평소에 마당 가꾸기나 뜨개질 같은 취미 활동으로 불안증에 대처했다고 말했다. 공황장애 같은 좀 더 심한 증상이 나타나면 오래 전에 일반 병원에서 처방받은 신경안정제를 복용했다. 만약 젊은 시절부터 정신 건강 치료를 받았다면 상황이 지금보다 훨씬 덜 복잡했을 터였다. 그녀는 재활 치료가 끝나고서도 심리·정신과 치료와 금연 치료를 계속 받아야만 하는 상태였다. 만약 일찍 손을 썼다면 상황이 얼마나 더 나아졌을까? 지금 당장부터 일과 건강, 재정에 관한 문제에 신경을 쓴다면 우리의 삶은 얼마나 더 나아질 수 있을까?

나이 드는 데도 준비가 필요하다

인생의 주기에 따라 결국에는 젊은 사람이 노인들을 돌보게 될 수밖에 없다. 자식이 부모의 부모가 되는 셈이다. 자연의 섭리에 따라 부모와 자녀의 역할이 뒤바뀌는 것이다. 우리는 삶의 전반부와 말기에 보호자가 필요하다. 전반부에는 부모가 우리의 보호자였다가 삶이 끝날 때쯤엔 자녀나 배우자, 형제자매에게 의지하게 된다. 부모가 보호자일 때 아직 어린 자녀는 부모에게 별다른 영향력을 행사하지 못한다. 하지만 노인은 자신을 돌봐줄 사람, 즉 배우자나 형제자매, 자녀, 조카 등과 오랜 시간을 함께해왔기 때문에 평생 그들과 어떤 관계를 맺어왔는지가 무척 중요해진다. 나이 들어 힘이 없을 때 주변 사람들의 태도를 보면 그가 어떤 사람이었는지를 알 수 있다. 만약 가까운 사람들을 존중과 연민, 배려로 대했다면 도움을 필요로 할 때 기꺼이 손을 내밀 것이다. 반면 평소에 사이가 별로 좋지 않았거나 인정 없이 굴었다면 정작 도움이 필요할 때 외면당할 수도 있다. 다 그런 것은 아니겠지만 대개는 나이 든 부모를 대하는 자식들의 모습을 보면 그들이 평생 어떤 관계를 유지했는지를 알 수 있다.

우리는 노후 대비가 중요하다는 말을 자주 듣는다. 대부분은 경제적인 측면에 관해서다. 하지만 인적 자원의 준비도 그만큼 중요하다. 물질적인 빈곤은 물론이고 좋지 못한 인간관계와 외로움도 노인의 삶의 질을 떨어뜨린다. 보다 나은 미래를 위해 지금 당장 행동해야 한다. 성인은 어떻게 살아가고 어떤 관계를 맺을지 스스로 통제하고 선택할 수 있다. 원한다면 얼마든지 더 나은 사람이 될 수 있고 인간관계도 개선할 수 있다.

•• Lesson 04

인간관계를 잘 관리하는 것이 무엇보다 중요하다

+ **지금 자신의 삶을 돌아보자.**
  몸과 마음의 건강, 일, 재정 상태를 둘러보았을 때 만족스러운가? 그렇지 않다면 지금부터 고치려고 노력하자. 미루기만 하면 문제가 더 커지고 늘어날 뿐이다. 예를 들어 빚이 많다면 신용카드를 없애고 예산 계획을 세워서 빚을 갚아나간다.

+ **인간관계가 무엇보다 중요하다.**
  당신은 주변 사람들을 소중한 선물이자 인적 자원으로 보고 있는가? 탄탄한 인간관계를 구축하는 것을 우선순위로 삼는다. 만족스러운 인간관계는 현재의 삶을 풍요롭게 해줄 뿐만 아니라 미래의 사회적 안정을 위한 든든한 토대가 되어준다.

+ **구체적인 행동 계획을 세워야 한다.**
  막연한 생각은 행동으로 옮기기 어려운 법이다. 구체적인 날짜를 정해서 현재의 인간관계를 둘러보고 행동 개선 목표를 세운다. 친구나 가족과 함께한다면 책임감이 커져서 목표를 달성할 가능성도 높아진다.

인생질문 05

—

—

—

젊음을 잃는 대신 얻는 건 무엇일까?

•
•

"다들 백 살까지 살고 싶어 하는데 왜 그럴까?

주변 사람들도 다 죽고 없을텐데."

에드워드가 말했다. 일리 있는 말이다.

노년기에는 더 이상 일을 하지 않아 경제 능력을 상실하는 데다

젊음과 아름다움, 성적 매력을 잃으면서 자존감이 크게 떨어질 수 있다.

건강, 감각, 정신 기능, 근력, 독립성, 자립심의 상실 또한

늙으면서 찾아오는 반갑지 않은 변화다.

하지만 상실은 삶을 다시 돌아보게 해주기도 한다.

여기서 만족스러운 결론을 얻는다면

앞으로의 삶도 자연스럽게 받아들일 수 있게 된다.

성공과 실패, 좋은 일과 슬픈 일 모두

인생이라는 그림을 이루는 중요한 부분이다.

무언가를 잃는 게 꼭 나쁜 것만은 아니다

상실은 삶의 일부로 꼭 나쁜 것만은 아니다. 예를 들어 유치를 잃어야만 영구치가 생긴다. 레고 상자를 치워야 TV를 놓을 공간이 생긴다. 뭔가를 잃어야만 성장하고 앞으로 나아갈 수 있다. 모든 것이 영원할 수는 없다. 저장 강박증이 있는 사람들은 아주 사소한 것이라도 무엇 하나 잃으려고 하지 않는다. 그들의 어지러운 집안은 뭔가를 잃지 않으면 앞으로 나아갈 수 없는 인간의 내면 세계를 보여주는 듯하다. 하지만 상실은 나이 든 사람에게는 부정적이고 해로운 삼정의 형태로 더 많이 다가온다. 무언가를 잃는다는 게 오로지 나쁘고 어둡고 슬픈 것으로만 비친다. 늙을수록 얻는 것보다 훨씬 더 많은 상실을 겪을 수밖에 없기 때문일 것이다. 하지만 가만히 들여다보면 상실을 통해 얻는 것이 있음을 알 수 있다.

겉으로는 그렇게 보이지 않아도 상실은 개인의 성장을 가능하게 한다. 상실은 불가피할 뿐만 아니라 유익하기도 하다. 오래된 것은 물러나 새로운 것을 위해 공간을 만들어줘야만 한다. 주디스 바이어스트(Judith Viorst)는 『꼭 필요한 상실(Necessary Losses)』[1]에서 발달의 전 단계로 상실을 겪어야만 하는 심리적 필요성에 대해 설명했다. 심리적인 측면에서 상실은 가족이나 친구 같은 실질적인 대상은 물론 이미지나 믿음 같은 상징적인 소유물에도 적용된다. 우리는 어릴 때 부모와의 독점적인 관계에서 벗어나 자립심을 기르고 타인과 관계를 맺는다. 도덕적이고 생산적인 사회 구성원이 되려면 충동적인 욕구를 마음껏 채울 수 있는 자유를 버려야 한다. 또한 완벽한 사람을 만나 오로지 사랑만 존재하는 완벽한 관계를 만들겠다는 환상을 버려야만 인간적이고 친밀한 관계를 맺을 수 있다. 성장을 위해서는 자신의 이미지를 버리는 일도 필요하다. 이를테면 면도를 시작한 15세 소년은 자기 스스로 더 이상 어린아이가 아님을 인식하고 그 이미지를 버려야 진짜 남자처럼 느끼고 행동할 수 있다.

한때 어린아이들만의 영역으로 여겨온 '발달'은 늙어서도 가능하다. 정신분석학자 에릭 에릭슨(Erik Erikson)은 전 인생 주기에 걸쳐 발달상의 어려움이 존재한다는 사실을 처음 언급했다.[2] 요양원 노인의 대다수가 일상적인 의무와 책임에서 자유로워져서 홀가분하다고 말한다. "치열한 삶의 경쟁에서 벗어나게 되어 기뻐. 그건 젊은이들의 몫이거든." 98세 에드워드의 말이다. 에릭슨에 따르면 일상에서 자유로워진 60대는 생산성에 관심을 가지게 된다고 한다. 이는 다음 세대를 이끌고 도와주는 일을 뜻한다. 예를 들어 은퇴를 앞둔 교수는 자신의 지식을 후배들에게 알리는 일에 더욱 열정을 보인다.

요양원에 사는 79세의 리트사도 생산성에 관심을 보인 적이 있었다. 그리스 출신인 그녀는 아들 부부에게 자식이 생기자 양육에 대해 조언을 해주었고 며느리에게는 요리를 가르쳐주기도 했다. 그녀는 아들과 며느리에게 건강한 식습관을 강조하고 가족의 전통을 이어나가야 한다고 조언했다. 이 같은 리트사의 소박한 행동은 사실 지역과 시대를 불문하고 오래전부터 이어져 내려오는 것이다. 세월을 통해 지혜가 쌓이고 시간 여유도 생김으로써 가능한 행동으로 이는 노인이 다음 세대에게 긍정적인 유산을 남길 수 있도록 해준다.

노인이 되면 상실을 통해 얻는 장점이 좀처럼 보이지 않을 수도 있다. 늙으면서 겪는 상실은 사랑하는 사람이나 사회적 지위, 역할, 신체적 상태와 관련이 있기 때문이다. 아내와 다섯 자녀 중 둘을 먼저 떠나보낸 에드워드는 내게 "다들 백 살까지 살고 싶어 하는데 왜 그럴까? 주변 사람들도 다 죽고 없을텐데"라고도 했는데 일리 있는 말이다. 노년기에는 더 이상 일을 하지 않아 경제 능력을 상실하는 데다 젊음과 아름다움, 성적 매력을 잃으면서 자존감이 크게 떨어질 수 있다. 건강, 감각, 정신 기능, 근력, 독립성, 자립심의 상실 또한 늙으면서 찾아오는 반갑지 않은 변화다. 하지만 상실은 삶을 다시 돌아보게 하는 계기가 되기도 한다. 이런 성찰의 과정에서 만족스러운 결론을 얻는다면 앞으로의 자신과 삶에 대해 전반적으로 수용적인 자세를 갖게 된다.

성공과 실패, 좋은 일과 슬픈 일 모두 인생이라는 그림을 이루는 중요한 부분이다. 에릭슨은 발달 단계의 마지막은 자아 통합이라고 규정했다. 지나온 인생을 정리하고 불가피한 죽음을 담담하게 받아들이는 것이다. 젊은 시절의 치열한 일상에서 벗어나 시간과 공간의 여유가 생겼을 때 이루어지는 평가 과정이다.

달콤한 슬픔

상실에 따르는 슬픔 속에서 긍정적이라고 할 만한 것을 찾기란 쉬운 일이 아니다. 하지만 상실로 인한 정서적 괴로움이 긍정적인 역할을 할 수 있다는 것은 인간의 경이로움 중 하나다. 감정을 느낀다는 것은 자신에게 어떤 중요한 일이 벌어지고 있다는 표시다. 그 감정이 슬픔이라면 무언가 상실을 겪고 있다는 뜻이다. 자기 내면에 차오르는 슬픔의 감정을 알아차린 후에 우리는 대개 타인으로부터 도움과 위안을 얻기 위해 의식적이든 무의식적이든 신호를 보낸다. 일종의 구조 신호 같은 것이다. 또한 불행감은 상실에서 멀어지도록 도와주는데, 상실의 대상을 곱씹을수록 괴로워지므로 그것을 잊고 새로운 길을 찾아가게끔 하는 것이다.

마지막으로 상실로 인해 느끼는 부정적인 감정은 역설적이게도 긍정적인 경험을 허용한다. 우리는 살면서 생기는 여러 가지 일들을 비교를 통해 판단할 수 있는데, 기쁨이나 행복 같은 긍정적인 감정은 슬픔과 실망 같은 부정적인 감정과 비교됨으로써 의미를 갖는다. 고통이 없으면 환희도 없다. 달콤한 슬픔이라는 말이 맞는 셈이다!

일시적인 애도와 우울증은 구별해야 한다

애도는 상실에 대한 정상적 반응이고 우울증은 전문가의 도움을 필요로 하는 정신 건강 상태다. 겹치는 부분이 있어서 두 가지 상태를 구분하는 데 어려움이 따르기도 한다. 하지만 불필요한 진료를 최소화하기 위해서는 우울증 여부와 언제 우울증이 나타나는지 꼭 알아야 한다. 애도와 우울증 모두 슬퍼하거나 울거나 수면과 식욕에 문제가 생길 수 있다.

하지만 애도와 우울증 사이에는 둘을 분명하게 구분해주는 차이가 존재한다. 애도는 어느 정도 시간이 지나면(사람마다 달라서 구체적으로 기간을 명시할 수는 없지만 개인적인 경험상 1~3개월 정도) 증상이 약해지기 시작한다. 그러나 우울증은 더 오래간다. 사랑하는 사람을 잃은 사람은 위안을 얻을 수 있지만 우울증을 앓고 있는 사람은 그렇지 못하다. 애도 상태에서는 여전히 다양하고 복잡한 생각이 떠오른다. 긍정적인 생각과 감정이 들다가도 다시 상실의 기억을 떠올리면 기분이 가라앉는 식이다. 하지만 우울증은 오로지 부정적인 방향으로만 생각이 좁혀진다. 죄책감, 무가치함, 절망감 등이 나타나며 자기 자신을 공격하는 경우도 있어 심할 경우 자살 충동이 들기도 한다. 하지만 애도 상태에서는 자존감이 그대로 지켜진다. 괴로움의 원인이 자기 자신이 아닌 상실의 대상에 있기 때문이다. 일반적으로 애도는 시간이 흐름에 따라 자연스럽게 나아지거나 가족과 친구의 도움으로 해결되지만, 우울증은 자연 치유되기 어려워 전문적인 치료를 받아야만 개선되는 경우가 많다.

상실감의 원인을 잘 살펴야 한다

애도와 우울증의 차이를 보여주는 사례를 소개한다. 남편과 사별하고 요양원에 살고 있는 82세의 질은 걱정스러운 기분 변화를 보였다. 그녀는 얼마 전에 언니의 사망 소식을 듣고 나서 마음이 심란해졌다고 말했다. 질은 자부심 넘치고 독립적인 여성이었다. 매일매일 뉴저지에서 뉴욕까지 출퇴근하며 열심히 일해 많은 성취감도 맛보았다. 그녀는 결혼 후 남편의 사업 때문에 워싱턴 주를 떠나 뉴욕으로 이사하는 바람에 부모, 언니와 멀리 떨어져 지내게 되었는데 남편이 50대에 일찍 세상을 떠난 후에도 계속 뉴저지에 살며 뉴욕에서 일했다.

흥미롭게도 질은 여전히 언니를 애틋하게 생각했지만 50년 가까이 만나지 않았다. 처음에는 전화로 연락하다가 나중에는 매년 명절 때 안부 카드만 주고받았다고 했다. 따라서 사실 언니의 죽음은 질의 일상생활에 전혀 영향을 끼칠 만한 것이 아니었다. 언니가 그녀에게 경제적인 지원을 해주거나 한 것도 아니었으니까. 하지만 언니의 죽음은 질에게 엄청난 의미가 있었다. 질은 자기가 세상에 혼자인 것만 같다고 말했다. 가족이 아무도 없으니 마치 '길가에 버려진 강아지'가 된 기분이라고 했다. 혼자 버려진 것 같아 슬프고 불안해서 밤에 잠도 잘 이루지 못했다. 그래도 그녀는 자신의 생각과 감정을 적극적으로 드러냈다. 요양원의 다른 거주자들과도 관계를 이어나갔고 일상생활도 평소와 비슷했다. 두 달 후에는 정상으로 되돌아온 듯해서 상담 치료도 중단할 수 있었다. 질의 경우는 전형적인 애도 반응으로 볼 수 있다.

하지만 린다의 사례는 질과 대조적이다. 린다는 내가 운영하는 클리닉에서 만난 16세 고등학생 환자였다. 경쟁이 치열한 소프트볼 팀에 선발되지 못한 이후로 행동과 기분 상태에 급격한 변화가 나타나자 걱정된 부모가 딸을 데리고 왔다. 린다는 식욕부진과 불면증 외에도 슬픔과 갑자기 터지는 울음, 분노, 학교와 친구에 대한 흥미 상실을 보였다. 자기를 꾸미는 데에도 전혀 신경 쓰지 않았다. 창피해서 친구들을 마주 볼 수 없다고 했고 죽고 싶다는 충동에 시달렸다. 린다는 절대로 회복될 수 없는 실패로 미래가 망가진 기분이라고 했다(그녀는 운동 특기 장학생으로 대학에 가려고 했다). 자주 분노했고 코치나 부모, 친구들의 도움도 모두 거절했다. 질의 상실감이 외적인 상황 때문이었던 반면, 린다는 한 인간으로서의 가치를 완전히 잃어버렸다. 이것이 애도와 우울증의 중요한 차이이다. 린다는 약 6주 동안 전혀 차도를 보이지 않았다. 확실한 우울증이었다. 치료 또한 질의 경우보다 훨씬 힘들고 오래 걸렸으며 정신과 진료를 통해 항우울제를 처방받도록 했다.

이 장에서는 슬픔이 상실에 따르는 유쾌하지 못한 반응이지만 긍정적인 역할도 수행한다는 사실을 이야기하려고 했다. 슬픔의 감정은 질이 요양원 관계자와 거주자들로부터 도움과 위안을 구하도록 만들었다. 그 덕분에 질은 비교적 빨리 회복될 수 있었다. 그러나 린다는 질과 마찬가지로 슬픔을 느꼈지만 스스로 마음의 문을 닫았고 주변의 도움을 거부했다. 린다에게는 지속적이고 집중적인 치료가 필요했다.

상실은 삶의 순간순간에 뜻하지 않게 찾아와 우리를 힘들게 만든다. 누구나 그로 인해 고통을 겪고 때로는 삶에 대한 의지를 잃기도 한다. 하지만 고통을 자연스럽게 받아들이고 아픔을 표현함으로써 사람들에게 도움을 받는다면 충분히 극복해낼 수 있다. 소중한 것을 잃었다면 거기서 분명 우리는 새로운 무언가를 다시 얻게 될 것이다.

•• Lesson 05

상실에 따른 괴로움을 받아들여야 성장할 수 있다

+ **상실감은 피할 수 없다.**

  끔찍한 기분이지만 상실감은 피할 수 없으며 성장에 도움을 주는 등 긍정적인 역할을 하기도 한다.

+ **상실에 따른 슬픔을 드러내라.**

  슬픔은 타인에게 위안을 구하고 상실로부터 멀어지게 만들어 정서적 건강을 지켜줄 것이다.

+ **상실을 치유하는 가장 좋은 방법은 따뜻한 위로다.**

  누군가 상실감으로 괴로워하고 있다면 자연스럽게 머릿속에 떠오르는 일을 하라. 즉 위로를 건네라.

+ **우울증의 신호와 증상을 경계해야 한다.**

  기본적으로 우울증은 기분 장애다. 시련이나 실망에 대한 강도 낮은 일시적인 반응보다 훨씬 심각하다. 증상은 행동과 기분, 감정, 생각의 급격한 변화로 나타난다. 불면증과 식욕부진이 따르는 경우도 흔하다. 슬픔, 죄책감, 무관심, 쾌락의 상실 등도 나타나며 집중력 감소, 우유부단함, 자기 혐오, 자살 충동 등이 있을 수도 있다.

인생질문 06

—

—

—

소중한 사람을 잃은 아픔을 어떻게 극복할까?

로버트는 60년을 함께 살아온 아내를 잃고 삶을 포기해버렸다.
나는 로버트에게 일상적인 활동을 계속하면
상실감에서 벗어나는 데 도움이 될 것이라고 설명해주었다.
그런데도 로버트는 한동안 생에 대한 의지가 없는 채로
무기력하게 지냈다. 요양원에서 친구를 사귀게 되기 전까지는.
그는 요양원의 피크닉 행사에서 토머스를 만났는데
두 사람 모두 제2차 세계대전 때
노르망디상륙작전에 참전했다는 것을 알게 된 후 친구가 되었다.
그들은 자주 만나서 공통 관심사에 대해 이야기를 나누고,
식당에서 함께 식사하기 시작했다.
토머스 한 사람과의 교유만으로도 로버트는
아내를 잃은 상실감을 회복하고 살아갈 의지를 되찾을 수 있었다.

삶을 송두리째 잃다

신경학에는 '환상통'이라는 독특한 현상이 있다. 더 이상 존재하지 않는 신체 부위에 통증을 느끼는 것을 가리키는 용어다. 예를 들어 자동차 사고로 한쪽 팔을 잃은 사람은 평생 팔이 아직 있는 것처럼 '느낄' 뿐만 아니라 잃어버린 팔에서 엄청난 통증이 전해지기도 한다. 확정된 사실은 아니지만 과학자들은 팔다리가 잘린 후에도 그 전에 뇌에 기록된 신경 메시지와 감각이 오랫동안 남아 있기 때문에 환상통이 발생한다고 보고 있다.[1] 그런데 요양원에서는 다른 유형의 환상통이 자주 목격된다. 더 이상 존재하지 않는 사람과 연결되어 나타나는 고통스러운 감정이다. 환상통과 마찬가지로 사라진 사람과의 연결고리가 뇌에 너무도 많이 기록되어 표상이 계속 남아 나타나는 증상이다. 사라진 팔다리가 고통을 일으키는 이유는 실제로 존재하기 때문이 아니라 그 기억이 뇌에 아직 저장되어 있기 때문이다. 사람의 부재 또한 마찬가지다.

요양원 거주자들은 배우자나 오랜 친구, 가족을 먼저 떠나보낸 경우가 많다. 떠난 사람들과 오랫동안 이어진 관계가 그들의 뇌에 수많은 기억으로 저장되어 있다. 50년 동안 함께 살아온 배우자를 잃은 75세 여성의 뇌에는 남편과 함께한 기억이 셀 수도 없을 만큼 많이 남아 있다. 무엇을 하든 남편에 대한 기억이 떠오를 정도다. 말 그대로 자신의 '반쪽'이었던 셈인데, 그 반쪽을 잃었으니 당연히 일상적인 생활이 가능할 리 없다.

기억에 담긴 것들은 뇌의 신경 활동을 통해 다시 떠오른다. 일반적으로 기억 속 사건의 연상은 반복을 통해 힘을 얻는다. 반복할수록 연상도 강력해진다. 요양원 거주자가 세상을 떠난 사람과 일상적인 행동을 함께하면서 몇십 년을 보냈다면 그의 존재는 남은 사람의 기억에서 필수적인 부분이 된다. 평생 함께한 배우자를 잃은 노인은 단지 가까운 사람 한 명을 잃는 게 아니다. 요양원의 많은 노인들이 그러하듯 삶의 거의 모든 부분을 잃는다. 삶이 예전 같지 않다. 마치 길을 잃은 것처럼 보이는 노인들이 요양원에 많은 이유다. 배우자만 떠난 것이 아니라 배우자와 연관된 모든 것이 바뀌고 불완전해지고 사라져 버렸다.

회복의 열쇠는 자신이 쥐고 있다

"왜 날 떠났어? 루스, 왜?"

요양원으로 오기 두 달 전에 암으로 아내를 떠나보낸 로버트는 계속 소리치며 슬퍼했다. 그의 간절한 외침을 들은 사람이라면 누구나 그가 얼마나 괴로운지 알 수 있었다. 84세의 그가 자식도 없이 단둘이 60년을 함께 살아온 사람을 잃었으니 세상이 통째로 바뀌어버린 것이다.

그는 가까이 지내는 조카의 성화에 못 이겨 요양원에 오게 되었다. 조카가 보기에 로버트는 집에서 정상적인 생활이 불가능했다. 제대로 먹지도 않고 위생을 돌보지도 않고 정신적으로도 쇠약해지고 있었다. 로버트는 아내가 떠난 후 모든 게 달라졌다고 말했다. 침대도 불편하고 음식 맛도 예전 같지 않고 아내와 즐겨 보던 TV 프로그램도 더 이상 재미가 없었다. 아내의 빈자리가 너무도 크게 느껴져 더 이상 침대에서 잠을 잘 수 없었고 식탁만 봐도 식욕이 떨어졌다. TV도 켜지 않게 되었다. 커피 잔만 봐도 매일 아침 함께 눈을 뜨고 탁자에 앉아 커피를 마시며 도란도란 이야기를 나누던 아내의 모습이 떠올라 슬퍼졌다.

이렇게 아내가 세상을 떠난 후 모든 것이 변해버린 로버트의 삶에서는 상실의 역학이 드러난다. 아내를 잃은 슬픔은 그가 예전에 즐겨했던 일에서 즐거움을 빼앗아갔다. 이처럼 상실에는 정서적 반응뿐만 아니라 인지적 측면도 존재한다. 그런데 이런 인지적 측면을 살펴보면 상실의 고통에서 벗어나는 방법에 관한 단서를 찾을 수 있다. 상실의 괴로움이 사망한 사람과 함께했던 어떤 일의 강력한 연상에서 비롯된다면 새로운 연상을 만드는 것이 회복의 열쇠가 될 수 있다. 즉 사랑하는 사람을 잃은 후 일상에서 손을 놓아버린다면 뇌에 새로운 회로가 만들어지지 않으므로 불완전한 느낌과 괴로움은 계속될 수밖에 없다. 하지만 사별 후에도 적극적으로 일상적인 활동을 계속한다면 새로운 연상이 만들어져서 상실감이 부분적으로나마 해소될 수 있다.

상실감으로는 공허함을 채울 수 없다

나는 로버트가 느끼는 슬픔에 공감해주는 한편 일상적인 활동을 계속하면 회복이 빨라진다는 설명도 해주었다. 아내의 빈자리로 인한 견딜 수 없는 공허함은 또 다른 경험을 통해 뇌에 완전한 회로를 새로 만들어야 치유된다는 사실을 이해할 수 있도록 도와주었다. 현실적인 측면에서 말하자면 아무리 의욕이 없어도 먹고 씻고 사람을 만나고 활동해야만 한다는 뜻이었다. 행동을 바꾸기 전에 먼저 감정의 변화가 일어나기를 바란다면 오히려 고통이 길어져서 회복이 불가능할 터였다. 의지만으로는 뇌의 변화를 일으킬 수 없다. 행동이 바뀌어야 뇌도 바뀐다. 행동 변화는 뇌의 '재배선'을 통해 경험의 질을 바꿔준다. 따라서 (행동으로 뇌에 새로운 회로를) '만들면 회복된다'고 말할 수 있다. 환상통은 빈 공간에서 더욱 강렬하게 느껴진다. 텅 빈 공간을 새로운 경험으로 채워야 한다.

로버트는 계속 식욕이나 생에 대한 의지가 없는 채로 무기력하게 지냈다. 요양원에서 친구를 사귀기 전까지는 그랬다. 그는 재향군인의 날을 맞이해 열린 피크닉 행사에서 토머스를 만났다. 두 사람은 모두 제2차 세계대전 때 노르망디상륙작전에 참전한 자랑스러운 군인 출신이었다. 그들은 곧 친구가 되었다. 로버트는 지팡이를 짚고 걸을 수 있었으므로 토머스와 자주 만나 시간을 보냈다. 그들은 또 다른 공통 관심사를 발견해 함께 이야기를 나누었고 식당에서 함께 식사했다. 토머스 한 사람과의 교유만으로도 로버트는 아내를 잃은 상실감을 회복하고 살아갈 의지를 되찾을 수 있었다.

새로운 연결고리를 만들어야 한다

노화 과정에서 더 많이 발생하기는 하지만 상실은 삶의 자연스러운 일부분이다. 임상학자의 관점으로 볼 때 강력한 연상의 힘은 약물중독 치료에서 가장 잘 드러난다. 약물중독에서 벗어나려고 애쓰는 사람들은 약물 복용을 연상시키는 사람이나 장소, 사물을 피하라는 조언을 받는다. 또한 약물 복용을 중단하면서 생긴 빈 공간을 채워줄 건강한 습관을 새로 만들라고도 한다. 예를 들어 알코올중독자는 잠에서 깨기 위해 딱 한 잔만 술을 마시거나 아무것도 하지 않는 대신 산책이나 명상으로 하루를 시작할 수 있다. 끈기와 반복을 통해 건강한 대안이 새로운 습관으로 자리 잡도록 하는 것이다.

사랑하는 사람을 잃었건 중독에서 벗어나기 위해 무언가를 끊었건 내용은 뇌에 별로 중요하지 않다. 연결고리는 다 똑같은 연결고리일 뿐이다. 이전의 기억에 매달리게 만드는 연상의 힘은 가만히 앉아 잃어버린 사람이나 무언가를 그리워할수록 강해지고 새로운 행동을 하고 새로운 습관을 만들어야만 약해진다. 그러므로 상실감에서 벗어나려면 적극적으로 몸을 움직여야 한다.

때때로 떠난 사람을 완전히 잊게 될지도 모른다는 두려운 마음이 회복을 가로막는 경우도 있다. 나는 그런 두려움을 표현하는 사람들에게 이렇게 말해준다. 당신이 달라지려는 건 떠난 사람에게만 몰두하지 않고 자기 자신과 삶을 돌보며 불행에서 벗어나기 위해서지 사랑하는 사람과의 기억을 완전히 지워버리려는 것이 아니라고(게다가 그건 가능한 일도 아니다).

•• Lesson 06

기억은 쉽게 지워지지 않지만 새로운 기억으로 덮을 수는 있다

+ **상실에서 회복되려면 뇌에 새로운 회로를 만들어야 한다.**
  행동 변화와 반복을 통해 뇌에 새로운 회로를 만들면 정상 상태가 새롭게 설정된다. 은퇴 후 예기치 못한 시련에 놓이는 사람들이 많은데 마치 영원한 휴가를 얻은 것처럼 아무것도 하지 않으면 불행해질 위험이 높아진다. 새로운 일과를 만들면 시간을 건설적으로 사용하고 새로운 목적 의식이 생길 수 있다.

+ **상실은 새로운 경험을 쌓을 계기가 되기도 한다.**
  누구나 상실로 인한 괴로움을 겪는다. 그렇지만 특히 노인에게는 세상 자체가 바뀔 정도로 큰 영향을 끼친다는 사실에 주의를 기울여야 한다. 말 그대로 삶을 새로 구축할 필요가 있다. 적극적으로 새롭고 긍정적인 경험을 하기 위해 노력해야 한다.

인생질문 07

건강하게 나이 드는 비결은?

:

레지나는 처방 약은 먹고 있지만 식단과 운동에 관한 권고 사항은
따르지 않고 작업 치료와 물리 치료도 받지 않았다.
그녀는 “여기선 나를 굶겨 죽일 셈인가 봐요. 그래서 저는
가족들이 방문할 때 먹고 싶은 걸 가져오게 해요”라고 말했다.
역시나 그녀의 방에는 가족들이 가져온
쿠키, 감자 칩, 크래커 같은 간식거리가 한가득이었다.
레지나는 “더 많이 움직이라는데 그럴 수가 없어요.
다들 기적을 바란다니까”라고 불평했다.
그녀는 사람들이 자신을 적극적으로 도와주지 않는다며 화를 냈다.

누구도 건강을 대신 책임져주지 않는다

건강관리 비용 문제는 국가적으로도 관심이 큰 사안이다. 기업과 정부의 높은 사람들이 벌이는 뜨거운 토론은 점점 노령화되는 인구에 심각한 재정 문제까지 더해져서 널리 퍼져나간다. 당신은 정부와 보험회사가 건강관리에 따른 문제를 국민에게 유리하게 해결해줄 것이라고 믿는가? 나는 그렇게 생각하지 않는다. 아무리 의료보험 보장과 공제 계획이 좋은 의도로 만들어졌고 국민 대다수의 필요를 충족하기 위해 고안된 시스템이라 해도 완벽하거나 모두를 만족시키리라고 기대할 수는 없다.

괜찮은 보험에 가입했고 좋은 병원에서 치료를 받아도 건강이 보장되지는 않는다. 전국적인 통계에서 확실하게 드러난다. 심신을 쇠약하게 만드는 가장 치명적인 질병은 생활 방식과 관련이 있다. 따라서 정부나 보험회사, 건강관리 전문가 등에게만 의존하는 것은 위험하다. 가장 좋은 건강관리 계획은 바로 스스로 자신을 돌보는 것이다. 자신의 건강관리를 위해 가장 중요하고 또 가장 큰 주도권을 쥔 사람은 바로 자신임을 잊어서는 안 된다.

건강을 위한 가장 큰 조건은 '타고난 체질(유전자)과 운'이라는 사회적 믿음이 이제는 바뀌었다. 생활 방식의 특정 요인이 건강과 수명에 큰 영향을 미친다는 사실은 널리 알려져 있다. 흡연, 활동량 부족,

과음과 과식 등은 건강을 해치고 수명을 단축시킨다. 반면 규칙적인 운동, 가족과 든든한 사회적 지지망, 명상 등은 건강과 수명에 도움이 된다.

건강을 망치는 원인

건강이 유전자에만 영향을 받는 것이 아니라는 사실은 모두에게 좋은 소식이 분명하다. 그런데 놀랍게도 많은 사람들이 스스로 자기 건강을 좌우할 수 있다는 사실을 모르거나 거부하는 행동을 보인다.

질병관리본부가 발표한 통계 보고서에는 정신이 번쩍 들 만한 내용이 담겨 있다. 2010년 미국의 10대 사망 원인은 심장 질환, 암, 만성 폐쇄성 폐 질환, 뇌졸중, 사고, 알츠하이머, 당뇨, 신장염과 기타 신장 질환, 인플루엔자와 폐렴, 자살 순이다.[1] 이 중에서 심장 질환, 만성 폐쇄성 폐 질환, 뇌졸중, 당뇨, 자살의 다섯 가지는 생활 방식과 분명한 관계가 있다. 개인적 선택과 관련 있는 두 가지 사망 요인인 비만과 니코틴 중독은 이 치명적인 질환들의 변수로 작용한다. 비만은 심장 질환과 뇌졸중, 2형 당뇨에 기여하는 요인이다(성인 3명 중 1명이 비만이다). 그리고 흡연은 심장 질환과 특정 암, 만성 폐쇄성 폐 질환을 일으키는 주요 원인이다.

비만과 2형 당뇨, 고혈압, 우울증의 원인인데도 사람들이 별로 심각하게 생각하지 않는 것이 바로 만성 수면 부족이다. 질병관리본부는 건강 촉진과 만성 질환 예방에 관한 포괄적인 계획에 수면 위생(불면증을 피하기 위해서 바꾸어야 할 생활 습관—옮긴이)이 포함되어야 한다고 말한다.[2] 단기적으로 수면 부족은 욕구불만 내성과 대처 능력을 떨어뜨려 불안과 우울증 증상을 유발한다. 기민함, 기억력, 정보처리 능력이 떨어지는 등 인지력 감퇴 현상도 나타난다. 수면 부족은 아동과 청소년의 학업 성과에 부정적인 영향을 끼칠 수도 있다. 수면은 단기적으로는 정신과 정서적 기능에, 장기적으로는 건강에 중대한 영향을 미치는데도 사람들은 대부분 수면을 중요하게 여기지 않는다. 권장 수면 시간은 연령대별로 다른데 아동은 11~12시간, 10대는 9시간, 성인은 7~8시간이다.[3] 그런데도 아이들은 자는 것보다는 놀이를 택하고 청소년과 20대는 밤에 친구들과 어울리는 것을 더 좋아한다. 성인은 밤에 TV를 보거나 인터넷 서핑을 즐긴다. 요양원에서 나는 건강한 수면 습관을 매우 강조한다. 노인들은 수면이 부족할 경우에 낮잠을 자려는 경향이 있어 치료 시간에 집중하지 못하고 요양원의 일과에 따르거나 다른 거주자들과 어울리는 데도 문제가 생기기 때문이다.

사망 원인 통계는 담배를 피우지 않고 적정 체중을 유지하고 운동을 하고 잠을 충분히 자고 우울증을 치료한다면 전 국민의 건강이 크게 개선되리라는 사실을 보여준다. 즉 충분히 예방 가능한 것들이 질병의 원인이 되어 불필요하게 목숨을 잃는 사람이 너무 많다는 결론을 얻을 수 있다.

건강에 대한 주인의식을 가져야 한다

레지나는 요양원에서 흔히 볼 수 있는 복합성 질병을 가지고 있었는데, 병원에 장기 입원해 있다가 컨디션 재조절을 위해 요양원에 오게 되었다. 그녀의 차트를 보니 의학적 기준으로 비만이고 울혈성심부전을 앓고 있었다. 이것은 심장 기능이 몸이 필요로 하는 수준을 맞추지 못해서 숨이 차고 피로와 무기력함, 부기 등을 일으키는 질환이다. 게다가 2형 당뇨까지 있었다. 그녀는 평소 혈당 관리에 제대로 신경 쓰지 않았고 늘 고혈압이었다고 말했다. 발에 경미한 신경통도 있었다. 당뇨 관리를 제대로 하지 않아서 생기는 합병증이었다.

레지나가 나에게 심리검사를 받게 된 이유는 치료에 성실하게 임하지 않고 요양원 관계자들이 보기에 우려될 정도로 기분 상태가 악화되었기 때문이었다. 그녀는 처방 약은 먹고 있지만 식단과 운동에 관한 권고 사항은 따르지 않고 작업 치료와 물리 치료도 받지 않았다. 레지나는 "여기선 나를 굶겨 죽일 셈인가 봐요. 그래서 저는 가족들이 방문할 때 먹고 싶은 걸 가져오게 해요"라고 말했다. 역시나 그녀의 방에는 가족들이 가져온 쿠키, 감자 칩, 크래커 같은 간식거리가 한가득이었다. 레지나는 "더 많이 움직이라는데 그럴 수가 없어요. 다들 기적을 바란다니까"라고 불평했다. 자신의 건강 상태와 불편함, 장애를 호소하며 눈물을 흘렸다. 사람들이 자신을 좀 더 적극적으로 도와주지 않는다면서 화를 냈다.

레지나의 건강이 하루아침에 나빠진 것은 아니었다. 체중 과다, 당뇨 관리 소홀, 운동 부족이 축적되어 건강 악화가 충분히 예상되는 상황이었다. 자기 건강에 대한 주인의식이 약한 듯했다. 그녀는 오래전부터 의료 전문가들이 자신을 건강하게 만들어줘야 한다는 태도로 살아왔다. 레지나처럼 몸이 아프면 변화를 위한 노력이 자극되거나 줄어들거나 둘 중 하나다. 사람은 괴로우면 괴로움을 없앨 수 있는 행동을 하려고 한다. 하지만 반대로 사기가 저하될 수도 있다. 레지나의 경우에는 불편함을 이용해 문제를 바로잡으려는 의욕이 생기도록 만드는 것이 관건이었다.

레지나의 사례는 얼마나 보편적일까? 나는 이 질문에 대한 답을 알아보기 위해 비공식적인 조사를 실시했다. 지난 2년 동안 요양원에서 치료받은 환자들 가운데 임의로 100명의 파일을 꺼내 각 환자의 의학적 상태를 기록했다. 질병관리본부의 통계에 따라 가장 사망률이 높은 질환만 골랐다. 결과는 심장 질환(41), 만성 폐쇄성 폐 질환(22), 암(17), 치매(12), 뇌졸중(11) 순으로 나타났다(괄호 안은 실제 수치다). 숫자가 모두 합해서 100이 넘는 이유는 한 가지 이상의 질환을 앓고 있는 환자가 있기 때문이다. 내가 요양원에서 만나는 사람들은 대부분 심장 질환이나 만성 폐쇄성 폐 질환 증세를 보인다. 내가 살펴본 요양원 거주자들의 질병 목록은 전국 통계와 똑같은 사실을 말해준다. 병과 장애는 대부분 생활 방식과 관련 있다. 레지나의 사례에서 보듯이 생활 방식이 병을 일으킨다는 것은 예외가 아니라 확고한 법칙이다. 다 알고 있으면서도 건강에 해롭다고 증명된 행동을 거리낌 없이 하는 사람이 너무도 많다.

건강하게 장수하는 비결

레지나의 경우 생활 방식에 변화를 줘야 할 필요성이 분명했다. 식단과 운동 습관을 바꾸고 자신의 행동과 건강에 대한 책임을 받아들일 필요가 있었다. 여기에는 생각해볼 가치가 충분한 질문이 있다. 최상의 건강과 장수, 높은 삶의 질로 이어지는 행동을 하도록 이끌어주는 일반적인 지침이 있을까? 서로 다른 방식을 활용한 두 연구가 이에 대한 소중한 답을 제공한다. 댄 뷰트너(Dan Buettner)는 장수 노인들로 이루어진 몇몇 그룹을 신중하게 선별하여 그들의 장수 비결을 알아보고자 했다.[4] 조지 베일런트(George E. Vaillant)는 피실험자들을 수십 년 동안 관찰하는 장기적 종단 연구 프로젝트를 책임지고 있다.[5] 아직도 진행 중인 이 프로젝트는 행동과 건강이 시간에 따라 어떤 관계를 나타내는지 관찰할 수 있게 해준다. 각각의 연구는 서로 다른 전략을 활용하지만 놀라울 정도로 결과가 일치한다.

뷰트너는 수명의 4분의 1이 유전적인 요소에 좌우되며 나머지 4분의 3은 삶의 방식에 좌우된다고 설명한다. 그렇다면 장수와 웰빙을 위해 우리가 선택할 수 있는 행동은 무엇일까? 뷰트너는 이 답을 찾고자 건강하게 장수하는 사람들로 이루어진 다섯 개 그룹을 각지에서 선별했다. 그가 블루 존(Blue Zone)이라고 이름 붙인 이 다섯 개 그룹은 이탈리아의 사르데냐 섬과 일본의 오키나와 섬, 캘리포니아의 로마 린다, 코스타리카의 니코야, 그리스의 이카리아 섬이었다. 그는 연구 결과에 따라 신체 활동, 인간관계, 영적 수행, 음식 섭취 등에

관한 아홉 가지 권장 사항을 내놓았다.[6]

뷰트너는 블루 존에 거주하는 사람들이 규칙적으로 걷기나 정원 가꾸기, 자전거 타기 같은 신체 활동을 한다는 사실을 발견했다. 그들에게 운동은 일상의 자연스러운 일부분이었다. 따라서 별다른 노력 없이 오랫동안 지속할 수 있었다. 하루 일과에 신체 활동이 포함되어 있지 않던 사람이 갑자기 일주일에 최소한 5일 동안 하루 30분씩 운동을 하려면 특별한 노력을 기울여야 한다. 활동의 강도는 낮은 편이 더 좋다. 음식물 섭취에 관한 권장 사항은 섭취량, 종류, 알코올과 관련이 있다. 뷰트너는 음식물 섭취가 주관적인 포만감이 아니라 분량 조절에 따라 이루어져야 한다고 조언한다. 포만감이 기준이 되면 지나치게 많은 양을 먹게 된다. 그리고 장수를 위해서는 과일과 채소를 많이 섭취하고 육류와 가공식품을 줄여야 한다.

블루 존에 사는 사람들은 매일 여가 시간을 갖는다는 공통점도 있었다. 휴식을 취하거나 오락 활동을 통해 스트레스를 관리하는 것이 중요했다. 영성도 그들 삶에 매우 유익했는데 그 이유는 최소한 두 가지로 정리할 수 있다. 첫째, 블루 존에 사는 사람들은 목적의식이 뚜렷한 경향을 보였다. 이는 매일 아침에 일어나야 할 이유가 있고 하루가 기대되기 때문이었다. 이러한 개인적인 사명감은 매일 판에 박힌 일과를 견딜 수 있게 해준다. 또한 어떤 종교든 상관없이 영적인 공동체는 건강에도 도움을 준다. 스트레스를 해소하고 긍정적인 행동과 사회적 지지를 촉진하기 때문이다.

또한 블루 존에 사는 사람들의 생활은 가족 중심으로 이루어지는 경향이 있었다. 함께 식사하고 교유하고 휴가 시간을 보내는 것은 가족의 건강한 유대관계를 지속시켜준다. 마지막으로 명상도 건강에 도움이 된다. 뷰트너는 좋은 건강 습관을 가진 사람들과 교류하는 것도 매우 유익하다고 추천한다. 예를 들어 운동이나 흡연, 알코올에 대해 비슷한 생각을 가진 사람들과의 만담은 긍정적인 습관을 강화해줄 수 있다.

베일런트는 60~80년간 추적조사를 거친 세 그룹의 노인들로부터 수집한 자료를 바탕으로 성인의 발달에 관한 연구 결과를 발표했다. 장기적인 추적조사 연구는 참가자들의 장수에 영향을 미치는 요인을 찾을 수 있게 해준다. 블루 존에 사는 사람들을 대상으로 실시한 뷰트너의 연구 결과와 마찬가지로 베일런트는 운동과 체중, 흡연 행위, 알코올 섭취, 인간관계에 관한 권장 사항을 내놓았다. 건강한 대처 기술에 대해서도 이야기했다. 그의 연구 결과를 종합하자면 건강하게 나이 들려면 흡연과 과도한 음주를 피하고 적절한 체중을 유지하며 꾸준히 운동을 해야 한다. 또 안정적으로 결혼생활을 하고 계속 교육을 받아야 하며 성숙한 대처 기술이 필요하다.[7]

이 중에서 교육을 받아야 한다는 점이 특이한데 이는 흡연 여부나 체중 관리, 알코올 섭취와 관련이 있다. 교육을 많이 받은 사람일수록 흡연과 과체중, 음주 가능성이 낮다. 베일런트는 교육과 성공적인 노화의 상관성에 대해 교육과 자기 관리에 필요한 기술이 책임감과 자기 효능감, 장기적 관점의 적응에 필요한 기술과 동일하기 때문이라는 견해를 내놓았다.

자신이 처한 상황에서 최선을 다하라

'효과적인 대처 기술'이란 현실적인 방법으로 시련을 마주하는 것이다. 불안과 죄책감을 감당할 수 있는 수준으로 지켜주고 인간관계에도 도움이 된다. 요양원에 거주하는 77세의 아니타는 대처 기술이 약했다. 자녀가 없고 남편과 사별한 그녀는 평소 가깝게 지내던 사촌 동생들에게 속아서 요양원에 오게 되었다고 주장했다. 아니타는 변호사를 고용해서 사촌들을 고소해서 집으로 돌아가고 싶다고 말했다. 하지만 그녀가 살던 아파트는 이미 그녀의 소유가 아닌 데다 누구의 도움도 없이 혼자서 지내는 것은 현실적으로 불가능한 일이었다. 사실상 사촌들이 아니타와 연락을 끊은 이유는 폭언 등을 더 이상 견디기 힘들었기 때문이다. 아니타는 대부분 자기 방에서 혼자 시간을 보냈고 공동 휴게소에 가끔 나가더라도 다른 사람들에게 욕을 하거나 쫓아내려고 했다.

반면 81세의 샤론은 좀 더 성숙하고 효율적인 대처 기술을 보였다. 그녀는 처음 요양원에 왔을 때만 해도 불행했지만 가족이나 돌봄 제공자들, 다른 거주자들에게 적대적으로 굴지는 않았다. 나와 상담할 때는 잃은 것과 그리운 것들에 대해 이야기하며 눈물을 흘렸다. 하지만 그러면서도 꾸준히 요양원에서 마련한 여러 프로그램에 참여하고 다른 노인들과도 잘 어울렸다. 그녀는 이길 수 없는 싸움을 선택하는 대신 자신이 처한 상황에서 최선을 다하는 데 집중했다. 그것이 훨씬 더 효과적인 대처법이었다.

뷰트너와 베일런트의 연구 결과에서 겹치는 부분에 주의를 기울여보자. 그들은 성공적인 노화와 장수, 삶의 질에 관한 답을 찾기 위해 서로 다른 방식을 이용했지만 비슷한 결론에 이르렀다. 공통점이 결과에 대한 신뢰성을 더해준다. 하지만 그들의 연구 결과에서 공통적으로 나타나는 행동과 건강의 인과관계를 입증하려면 다른 유형의 증거가 더 필요하다.

왜 잘못된 선택을 하는 걸까?

좋은 건강 습관에 관한 인상적인 연구 결과가 또 있다. 바로 심장학자 딘 오니시(Dean Ornish)의 연구다. 그는 30년간의 연구 결과를 통해 식단 조절과 운동, 스트레스 관리, 정서적 지원의 변화가 심장 질환과 당뇨, 고혈압, 비만 등 주요 사망 원인을 예방하고 진행을 늦추거나 막을 수 있다고 밝혔다.[8] 더욱 흥미로운 사실은 의학적으로 권장하는 행동 변화를 충실하게 이행한 사람일수록 나이와 병의 중증도, 가족 병력과 관계없이 좋은 결과가 나타난다는 것이다. 이것은 행동과 건강에 분명한 인과관계가 있음을 드러낸다. 행동 변화의 효과는 체중 감소나 각종 증상의 호전 등 임상적인 측면에서만 관찰되는 것이 아니라 유전적인 측면에서도 나타났다. 건강한 행동으로 질병을 예방하는 유전자의 활동이 늘어나고 질병을 촉진하는 유전자의 활동이 줄어든 것이다. 이러한 연구 결과는 병과 싸우고 건강을 개선하는 데 있어 행동 변화가 중요하다는 사실을 뒷받침해주므로 매우 중요하다. 예를 들어 유전적으로 심장 질환 소인이 있더라도 사망에까지 이를 정도는 아니다. 오니시의 연구 결과에 따르면 건강은 유전에 좌우될 뿐만 아니라 유전자의 활성을 결정하는 행동에 의해서도 좌우된다. 건강을 해치는 유전자라도 비활성화 상태라면 위험하지 않다. 유전자 발현의 영향에 대해 연구하는 후성 유전학이 점점 발전하고 있는데 이 학문은 유전자 자체를 바꿀 수는 없지만 유전자의 발현을 바꿈으로써 건강에 변화를 가져올 수 있다는 전제에 집중한다.

특정한 생활 방식이 건강에 좋다는 사실을 뒷받침해주는 과학적 증거가 최근에야 나오기 시작했지만 사실상 대부분의 방법은 오래전부터 알려져 있었다. 그럼에도 건강에 좋은 방법을 따르기가 왜 그렇게 힘들까? 레지나의 경우로 돌아가보자. 통증과 장애, 불행감은 그녀의 욕구 불만 내성과 대처 능력을 약하게 만들어 더욱 행동 변화를 이끌어내기 어렵게 만들었다. 하지만 무엇보다 그녀의 앞을 가로막는 것은 만성적인 정서적 장애물이었다. 레지나는 생활 방식을 바꿔야 할 필요성에 대해 이야기할 때 진작 시도하지 않은 데 대해 엄청난 죄책감과 후회를 드러냈다. 행동이 중요하다는 사실을 깨닫게 되자 현재의 고통에 자신의 탓도 있다는 결론에 이르렀다. 그동안 계속 외면했던 진실이었다. 레지나는 스스로 능동적인 행위자가 되지 않기로 선택했던 것이다.

자신의 앞날을 자기 스스로 좌우한다는 것은 매력적인 일인데도 실제로 많은 사람들이 깨닫지 못한다. 오히려 받아들이지 않는 쪽을 선호하기까지 한다. 의료보험 제도가 알아서 다 해주리라 생각하는 쪽이 훨씬 쉽다. 예전에 금연에 전혀 관심 없는 젊은 흡연자들과 이야기를 나눈 적이 있는데, 그들은 "내가 늙을 때쯤에는 흡연으로 발생하는 문제를 치료해줄 방법이 나올 거라고 믿는다"라고 말했다. 의료보험 제도를 맹신하는 이런 태도는 위험하다.

아직 늦지 않았다

레지나는 결국 마음을 바꿔 건강 회복에 적극적으로 나섰다. 가족들의 도움도 있었다. 나는 전화 통화로 그녀의 딸에게 어머니가 건강에 유익한 행동 변화를 추구하려면 가족의 도움이 중요하다는 점을 강조했다. 딸은 힘들어하는 어머니의 모습을 보기가 괴로워서 음식을 가져다줘도 괜찮을 거라 생각했다고 말했다. 그녀는 가족들이 부지불식간에 어머니의 부정적인 행동을 부추겼음을 인정하고 앞으로는 그러지 않기로 했다. 나는 레지나에게 회복을 위해 그녀 자신의 역할이 중요하다고 말했다. 그녀의 건강을 돌봐야 할 사람은 다른 누구도 아닌 그녀 자신이라고. 레지나는 매일 재활 치료에 참여하기로 나와 약속했다. 이 약속이 그녀의 책임의식을 높여주었다. 나는 그녀에게 아직 늦지 않았음을 강조했다.

아직 늦지 않았다는 것, 이것은 이미 병에 시달리고 있는 노인들에게는 특히 중요한 부분이다. 오니시의 연구 결과 같은 최신 자료를 활용하면 치료적 개입의 영향력이 더 커진다. 인체의 회복력은 놀라울 정도다. 일반적으로 회복을 위해서는 몸을 더 이상 해치지 않도록 건강한 상태를 지원해줘야 한다. 오니시의 연구 결과는 심장 질환의 후기 단계라도 식단과 운동, 정서적 지원, 스트레스 관리에 적절한 변화를 주면 도움이 된다는 사실을 보여주었다.

레지나는 심리 상담 후 마음의 변화를 일으켜 이 모든 것들을 시도했다. 그리고 치료에 적극적으로 참여한 덕분에 결국 집으로 돌아갈 수 있을 만큼 상태가 호전되었다.

건강을 위해 실천하라

지금까지 살펴본 것처럼 행동이 건강과 장수의 결정적 요인이라는 사실을 여러 연구 결과가 뒷받침한다. 흡연과 과도한 음주, 비만에 이를 정도의 잘못된 식습관 같은 행동은 건강을 해친다. 그런가 하면 지속적으로 실행하면 건강과 웰빙에 도움이 되는 행동도 있다. 가족과 함께 하는 활동, 신체 활동, 종교·영성 활동, 건강한 습관을 가진 사람들과의 교류, 효과적인 스트레스 관리, 육류와 가공식품은 줄이고 과일과 채소로 채운 식단, 충분한 수면, 고등교육 등이다.

건강과 관련한 경제적 문제는 정치인들이나 기업이 알아서 하라고 하자. 그저 우리는 자기 자신만 잘 돌보면 된다.

자기 몸과 건강에 대한 주인의식을 가져야 한다

+ **자신의 건강에 대해 주인의식을 갖는다.**

  건강관리 계획은 자신이 직접 세워야 하며, 나이 들수록 행동이 건강과 수명, 삶의 질을 결정짓는 요인이라는 사실을 아는 것부터 시작한다.

+ **자신의 상태를 객관적으로 평가한다.**

  운동과 식단, 스트레스 관리, 수면 위생, 담배와 알코올, 가족관계 및 대인관계, 종교 및 영성 활동, 교육 등 건강과 관련된 자신의 생활 방식에 대해 솔직하게 평가한다.

+ **건강 계획을 세울 때에는 도움이 필요한 분야의 자료를 충분히 찾아본다.**

  예를 들어 스트레스 관리 기술을 배우거나 담배를 끊어야겠다는 생각이 든다면 정신 건강 전문가나 흡연 프로그램의 도움을 받을 수 있다.

+ **동기를 얻는 것이 중요하다.**

  건강에 좋은 행동을 해야 한다는 필요성이나 책임 의식이 부족하다면 가족이나 지인들로부터 충분한 동기와 격려를 얻는다.

인생질문 08

—

—

—

어떻게 하면 품위를 지키며 살 수 있을까?

:

요양원의 노인들이 불공평한 대우나 괴롭힘을 받는다고 느끼고
두려움에 시달리는 것은 실제로 그런 일이 벌어져서가 아니라
힘의 역학에 대한 경험 때문인 경우가 많다.
기본적으로 힘의 차이가 클수록, 스스로 무력함을 느낄수록,
공포와 불안, 피해 의식이 커질 수 있다.
요양원 사람들이 언제든 마음만 먹으면 자신에게
해를 가할 수도 있다는 인식이 두려움을 느끼게 하고
학대받는다는 생각을 하게끔 만든다.

노블레스 오블리주

평등의 원칙을 토대로 하는 나라에서는 사람이 사람 위에 군림하는 것을 좋아하지 않는다. 물론 현실에서는 매일 하루도 빠짐없이 힘의 불평등을 마주하며 살아간다. 힘과 권위의 불평등한 분배가 질서 있고 통제되고 생산적인 행동을 유도한다는 사실을 싫지만 인정해야 한다. 부모는 자녀를 위해 규칙을 정하고, 가게 주인은 자신이 팔 물건의 가격을 정하고, 부하 직원은 상사에게 보고하고 상병은 중위로부터 명령을 받는다. 이때 윗자리에 있는 사람에게는 권위를 남용하지 않을 의무가 있다. 말 그대로 '고결한 의무'다. 우월한 위치에 있는 사람은 친절하고 공정해야 할 도덕적 의무가 있다는 노블레스 오블리주의 개념이 적용된다.

우리는 힘이 남용되는 모습을 보면 당연히 분노한다. 어른이 아이에게 해를 입히거나 경찰이 공권력을 남용하거나 상사가 아랫사람을 위협하거나 큰 아이가 작은 아이를 괴롭히는 모습을 보면 잘못된 행동이라는 것을 배우지 않아도 알 수 있다. 계급이나 지위, 개인적 특성이나 이점 등으로 남보다 우월한 자리에 있을 때는 타인과 상호작용할 때마다 상대에게 불필요한 해를 가하거나 힘을 남용하고 있는 것처럼 보이지 않도록 조심해야 한다. 남보다 유리한 위치에 있으니 그에 걸맞게 올바른 의식을 가지고 행동해야 한다.

복종 실험과 모의 교도소 실험

특정한 역할에 내재된 힘은 수십 년 동안 사회심리학자들의 관심사였다. 고등학교에서 심리학을, 대학에서 심리학 개론을 배운 사람이라면 스탠리 밀그램(Stanley Milgram)과 필립 짐바르도(Philip Zimbardo)의 유명한 실험에 대해 들어보았을 것이다. 스탠리 밀그램은 사람이 권위에 어느 정도까지 복종하는지 알아보기 위해 한 가지 실험을 실시했다.[1] 그는 피실험자들에게 처벌이 학습에 끼치는 영향에 대해 알아보는 실험이라고 설명했다. 참가자들은 권위를 나타내는 하얀 가운을 입은 실험자로부터 다른 참가자에게 전기 충격을 가하라는 지시를 받았다. 실제로는 전기 충격이 가해지지 않는다는 것을 당시 그들은 알지 못했다. 정말로 다른 참가자들에게 전기 충격을 주는 것으로 알았다. 실험 결과는 놀랍고도 당황스러웠다. 대다수의 참가자들이 실험자가 원하는 행동을 보였다. 타인에게 해를 입히는 행동을 한 것이다. 실험자의 의도에 따른다고 보상이 주어지거나 따르지 않는다고 벌이 내려지는 것도 아니었다. 다시 말하자면 권위의 힘이 그들을 복종하게 만든 것이었다.

필립 짐바르도는 역할 배치가 행동에 끼치는 영향을 알아보기 위해 참가자들을 모집해 실험을 실시했다.[2] 그 자체로 경각심을 일으키는 이 실험의 결과는 또다시 권위가 있거나 우위에 있는 역할에는 개인의 성격과 상관없이 힘과 영향력이 수반된다는 사실을 확인시켜주었다. 참가자들을 교도관과 죄수의 두 그룹으로 나눠 실험을 진행했는데, '교도관들'은 하나같이 가혹하고 권위적인 행동 양식을 보였으며 '죄수들'은 실제 성격과 달리 소극적이고 복종적이며 때로는 반항적인 태도를 보였다. 다시 말해서 각자의 역할이 태도와 행동에 영향을 끼쳤을 가능성이 높았다.

나는 변한 게 없는데 사람들은 왜 다르게 대할까?

같은 행동도 지위에 따라 타인에게 다르게 인식될 수 있다. 젊은 여성 기업가 폴라는 불안과 우울증으로 상담 치료를 받으러 왔다. 그녀는 일 년 전에 소규모 가족 기업의 최고 경영자가 되었다. 당시 27세였던 그녀는 대학 졸업 후부터 그 회사에서 계속 일해왔다. 예전에는 일도 즐겁고 동료들과도 사이가 좋았다. 몇몇과는 직장 밖에서도 어울릴 정도로 친하게 지냈다. 전 직원은 스무 명 정도였다. 폴라는 똑똑하고 적극적이고 성실한 직원이었다. 임원이 된 후에도 여전히 친절하고 마음 씀씀이가 넓었다. 한 예로 본인 부담이 전혀 없는 의료보험 제도를 들여와 직원들에게 제공했다.

하지만 폴라는 상사가 된 이후로 오랜 동료들과의 관계에 변화가 생겼다는 사실을 알아차렸다. 직원들은 그녀를 대화에 끼워주지 않았다. 그녀가 구내식당에 들어서면 하던 대화를 멈추었다. 친하게 지냈던 여직원들에게서도 소외감을 느꼈다. 예전에는 없었던 벽과 팽팽한 긴장감을 느낄 수 있었다. 직원들의 행동은 그녀에게 상처가 되었고 자신이 그들에게 예전과 다르게 받아들여진다는 사실이 혼란스러웠다. 직원들이 업무나 자신의 결정이나 행동에 대해 불만을 토로하면 속이 상했다. 그녀는 그들을 향한 분노와 적대심이 갈수록 심해진다는 사실도 인지하고 있었다. 직원들의 행동뿐만 아니라 자신의 감정과 행동까지도 그녀를 괴롭게 했다. 결국 폴라는 사내 규칙을 더욱 엄격하게 만들고 다음 회계연도에 직원 혜택을 축소하는 방안을 고려하기 시작했다. 그러자 급기야 그녀가 자만심에 차 있고 힘에 굶주려 있다는 불만사항까지 들어왔다. 이제 그녀는 일은 물론이고 자기 자신, 직원 모두에게 만족하지 못하게 되었다.

폴라나 직원들의 태도와 행동 변화는 역할의 영향력을 분명하게 보여준다. 그들의 인성은 변한 게 없었지만 달라진 힘의 역학 관계가 관련된 모든 사람들의 행동과 태도, 인식까지 바꿔놓았다. 폴라의 정신적 치료는 역할 변화의 영향을 이해하고 직원들의 행동을 개인적으로 받아들이지 않는 것에 중점을 맞춰 진행되었다. 그녀는 자신의 행동 동기와 목표에 주의를 쏟고 직원들의 태도와 상관없이 자신의 가치에 따라 행동하는 법을 배웠다. 그러자 직원들의 불만이나 거리를 두는 행동이 사실은 자신이 아닌 그들에게서 비롯된 것임을 알 수 있었다. 자신이 직원들을 비난하거나 책망하지 않았다는 사실도 폴라에게 위안을 주었다. 전형적인 사회심리학 연구와 폴라의 경험에서 보듯이 사회적 역할은 특히 힘과 권위와 관련된 사람들에게 큰 영향을 끼친다.

사람마다 받아들이는 정도가 다르다

힘의 역학은 사회적 상호작용에도 존재할 수 있다. 건강 상태나 체력 같은 개인적 변수에 차이가 있기 때문이다. 혼자서 생활하기 힘든 요양원 거주자들을 보살피는 간호사나 요양 보호사들을 보면 힘의 역학이 분명하게 드러난다. 젊고 체력이 좋은 사람들이 상대적으로 약하고 장애가 있어 무력한 거주자들을 보살피기 때문이다. 실제로 요양원 거주자들은 힘의 두 가지 원천과 씨름하는 것처럼 보인다. 하나는 요양원 관계자라는 상대방의 지위, 또 하나는 상대방의 신체적 우월성과 관련된 개인적 요인이다. 전자의 경우 거주자들은 자신들을 돌봐주는 요양원 관계자들이 마치 전권을 가지고 있는 듯 이야기한다. 이를테면 "여기에서 법칙을 만드는 것은 당신들이니까 하라는 대로 해야지. 내 생각은 중요하지 않아" 같은 식이다.

나는 책임자와 책임하에 놓인 사람의 힘 차이가 클수록 큰 힘을 가진 사람이 더 친절하고 부드럽게 행동할 필요가 있음을 깨달았다. 요양원에서 이 원칙을 충분히 인지하지 못하면 불만이 커질 수 있다. 요양원 거주자들은 자신들을 돌봐주는 사람들에게서 친절함과 연민의 증거를 볼 때 안전함을 느낀다.

요양원의 노인들이 불공평한 대우나 괴롭힘을 받는다고 느끼고 두려움에 시달리는 것은 실제로 요양원에서 학대가 이루어져가 아니라 힘의 역학에 대한 경험 때문인 경우가 많다. 기본적으로 힘의 차이가 클수록, 스스로 무력함을 느낄수록 공포와 불안, 피해 의식이 커질 수 있다. 요양원 관계자들이 정말로 합리적인 기준을 어기고 해를 입히는 것이 아니라 원한다면 '그럴 수도 있다'는 인식이 노인들에게 두려움을 느끼게 하거나 학대받는다고 생각하게 만든다. 이러한 힘의 역학은 요양원 관계자들에게 보다 세심한 행동을 요구한다. 다음과 같은 상황을 생각해보자.

당신이 비행기를 탔는데 남자 승무원이 불친절하고 퉁명스러우며 욱하는 행동을 보이고 심지어 당신에게 적대심까지 드러낸다. 그런데 그는 나이도 많아 보이고 체격도 좋은 편이 아니다. 당신은 그의 불쾌한 행동을 참을 수 없어서 그에게 직접 또는 다른 사람에게 불만을 제기해야겠다고 생각할지도 모른다. 하지만 상대방이 190센티미터가 넘는 거구의 20대 후반 남성이라면 어떨까? 똑같은 행동을 해도 후자의 경우가 더 위협적으로 다가오지 않을까? 비행기 안이라는 제한적인 공간에서 그를 화나게 하는 것은 좋지 않다는 생각이 들 것이다. 그가 마음만 먹는다면 충분히 당신에게 해를 입힐 수 있기 때문이다.

노인들은 신체적으로 약하고 감각 기능도 떨어져서 스스로 약자라는 느낌이 강하다 보니 자신보다 젊은 사람들과 관련된 침입이나 공격을 과장되게 인식한다. 로잔느는 자녀가 없는 83세의 미망인이다. 키가 작고 몸무게도 42킬로그램밖에 되지 않으며, 요양원의 돌봄 제공자들에 대한 불신이 강해서 신중하게 대하고 끊임없이 안심시켜주어야만 했다. 그녀는 간호사나 요양 보호사가 자신을 거칠게 다룬다고 불평했다. 그녀를 담당하는 사회복지사와 돌봄 제공자들도 그녀의 불만에 대해 알고 있었다. 그녀가 직접적으로 말했고 나 역시 그들에게 로잔느의 생각을 말해준 적이 있기 때문이다. 당연히 요양원에서는 환자가 부당한 대우를 받는다는 이야기가 나오면 진상조사가 이루어져야 한다. 하지만 로잔느가 제기한 불만은 실제로 부당한 대우를 받았을 가능성은 배제하고 요양원에서 흔히 나타나는 또 다른 문제를 보여준다. 돌봄 제공자들이 실제로 그녀에게 부당한 행동을 한다기보다는 로잔느의 감정과 인식에 문제가 있었던 것이다.

늙으면서 피부의 두께가 얇아져 로잔느 같은 일부 노인들은 문자 그대로 피부가 투명해진다. 로잔느의 팔과 다리는 혈관이 훤히 드러나 보인다. 피부라는 자연적인 방어벽이 약해지면 스스로도 자신을 매우 연약한 존재로 인식하게 된다. 흔히 '피부가 얇다'라는 표현은 지나치게 예민하고 과도한 반응을 보이는 사람을 의미한다. 접촉에 대한 민감성이 커지는 것은 노인의 모든 감각 기관에 해당된다. 감각 기관이 약해지면, 즉 외부 자극을 조절하고 처리하는 능력이 저하되면 자극에 의해 괴롭힘을 당하는 것 같은 주관적인 감각이 생긴다. 어두운 방에 들어갔는데 갑자기 불이 환하게 켜지거나 시끄러운 음악 소리가 울려 퍼진다면 매우 불쾌하고 당황스러울 것이다. 흠칫 놀라거나 자극의 맹공격을 줄이고자 눈과 귀를 막아야만 할 것이다. 마음을 진정시킬 필요도 있다. 보통 사람들에게는 무해한 수준의 아주 약한 자극이라도 노인들에게는 감각의 과부하가 일어날 수 있다.

양이 곧 질이 될 때도 있다

몸과 마음으로 들어오는 자극의 흐름을 조절하는 것은 건강과 웰빙을 위해 필수적이다. 사람마다 편안함을 느끼는 기준이 다른데, 만약 그 기준을 초과하면 이전에 좋았던 경험이라도 곧바로 불쾌하게 느낄 수 있다. 어떤 경험이 즐거운지, 혐오스러운지는 경험의 양이나 강도와도 관련이 있다. 나는 어릴 적에 친구들과 밖에서 신나게 놀다가 목이 마르면 수도를 틀고 마당에 아무렇게나 놓여 있던 호스에 입을 대고 물을 마셨다. 그때 갑자기 물을 세게 틀어 호스에 입을 대고 있던 친구를 깜짝 놀라게 하는 장난을 치곤 했다. 더운 날씨에 땀에 젖은 초등학생 남자아이에게 수도 호스에서 시원하게 흘러나오는 물은 유쾌한 경험일 수 있지만, 물의 양이나 세기가 강해지면 불쾌함을 느낄 수 있다. 한마디로 양은 경험의 질에 영향을 끼친다.

로잔느는 사람들과 접촉할 때마다 큰소리로 불만을 터뜨렸다. 언젠가 그녀의 방에서 요양 보호사가 그녀를 단장해주는 모습을 본 적이 있는데 보호사가 부드럽게 머리를 빗겨주는데도 로잔느는 "내 머리카락을 전부 다 뽑아버릴 셈이에요?"라고 화난 듯 소리쳤다. 또한 그녀와 이야기할 때는 매우 느리게 말해야 했다. 그렇지 않으면 말이 너무 빠르다고 짜증을 내기 때문이었다. 빠른 걸음으로 복도를 지나가는 나를 보고 "좀 천천히 가요. 뭐가 그렇게 급해?"라고 소리친 적도 있었다.

로잔느는 처리할 수 있는 자극의 속도가 매우 느려서 쉽게 위압감을 느끼므로 신경에 거슬리지 않도록 조심스럽게 접근할 필요가 있었다. 즉 그녀와 있을 때 조금이라도 주의하지 않으면 나도 모르게 그녀의 감각을 공격하는 셈이 되어 그녀는 나와의 상호작용을 해로운 것으로 받아들였다. 전문가인 나에게는 로잔느의 신경계가 연약하다는 사실을 알고 자극을 가급적 줄여줄 책임이 있었다.

그런데 이런 행동 원칙은 요양원에서뿐만 아니라 우리 모두가 지켜야 할 기본적인 삶의 원칙이다. 일상의 곳곳을 살펴보면 모든 영역에 힘의 역학이 존재함을 알 수 있다. 가정이나 학교, 직장과 사회의 여러 모임 심지어 친구 사이에서도 힘과 권위의 역학 관계가 작동한다. 어느 곳에서든 더 나은 능력을 지닌 사람에게는 상대적으로 능력이 떨어지는 사람들이 편안하고 안전하게 느낄 수 있도록 상호작용을 조절해야 할 책임이 있다.

이때 주의할 것은 우위에 있는 사람들이 상대방의 입장을 충분히 고려해야 한다는 점이다. 자기 기준에서 '이 정도면 충분하지 않을까?'라고 생각하고 행동할 것이 아니라 최대한 상대방의 기준에서 생각하고 행동하려고 노력해야 한다. 힘이나 권위든, 힘과 연결되는 개인적인 자질이나 특별한 자원(재산, 큰 체격, 젊음, 건강, 체력, 지성, 외모 등)이든 상대방보다 더 많은 것을 가진 사람일수록 더 적게 가진 사람을 배려해야 한다. 그것이 더불어 살아가는 모든 이들을 위한 노블레스 오블리주다.

우위에 있을수록 겸손함으로 상대방을 배려해야 한다

- **자신의 현재 위치를 정확히 파악하라.**
  사회에서의 역할이나 정치적 지위, 개인적인 재능을 비롯한 힘의 원천 덕분에 상대방보다 우세한 위치에 있다면 그 사실을 인지해야 한다. 특정한 재능이나 이점으로 상대방에게 잘난 척하는 것은 (무의식적이라도) 볼썽사나울 뿐만 아니라 상황에 따라 부도덕하거나 불법적일 수도 있다.

- **상대방이 처한 위치를 인식하라.**
  두 사람의 위치가 동등하지 않을수록 상대방의 감정에 예민해져야 한다. 그래야 상대방이 부당한 대우를 받는다고 인식할 가능성이 줄어든다. 당신에게는 평범하고 수용 가능한 일이라도 – 예를 들어 가벼운 대화에서 최근에 좋은 집으로 이사한 이야기를 한다거나 하면 – 상대방에게는 과시로 비칠 수 있다.

- **고귀한 도덕적 원칙에 따라 행동하려고 노력하라.**
  당신이 생각하기에는 적절한 행동인데 상대방이 그것에 대해 불평을 한다면 그 원인은 당신의 행동이 아닌 상대방이 느끼는 무력감과 연약함 때문일 수 있음을 이해해야 한다.

인생질문 09

—

—

—

만족스러운 삶을 위해 무엇부터 시작해야 할까?

:

세상이 크게 바뀌지 않아도 행복과 안전, 편안함을 느낄 수 있다.

작은 변화만으로도 가능하다.

카르멘이 추구한 변화는 스스로를 조금씩 바꿔가는 것이었다.

방을 산뜻하게 꾸미고, 운동 프로그램에도 참여했다.

그로 인해 세상의 빈곤과 범죄, 전염병 같은 문제가

해결된 것도 아니고 경제가 살아난 것도 아니었다.

하지만 작은 변화는 카르멘의 삶에 큰 영향을 미쳤다.

우리가 사는 세상

요즘은 기술이 발달해 집 안에서도 전 세계와 소통할 수 있다. 나는 오늘 아침 글쓰기 작업을 시작하기 전에 컴퓨터로 저지 쇼어(Jersey Shore, 미국 뉴저지의 해안 지대—옮긴이)에서 찍은 라이브 영상을 보고 온라인 서점에서 책을 검색하고 국내 및 국제 뉴스 기사를 정독하고 개인적인 이메일에도 답장을 보냈다. 컴퓨터와 인공위성 TV, 각종 소셜 미디어 덕분에 24시간 내내 전 세계의 정보에 접근할 수 있게 되었다. 이로 인해 세계가 하나의 거대한 공동체라는 인식과 세계 각지에서 살고 있는 모든 사람의 운명이 서로 연결되어 있다는 글로벌 의식도 강해진다. 하지만 이렇게 광범위한 정보를 접하고 수많은 사람들과 이어지면 장점도 있지만 단점도 있다. 여기저기에서 좋지 않은 소식이 들리면 세계적인 차원의 변화가 이루어져야만 개인이 행복과 평화를 얻을 수 있다고 생각하게 되는 것이다.

이렇게 매일 세계 곳곳의 소식이 쏟아져 들어오는 시대지만, 사실 우리는 매우 작은 규모로도 세상과 소통하고 있음을 기억해야 한다. 우리의 발걸음이 직접 닿는 장소나 직접 만나는 사람들로 이루어진 미시적 환경이야말로 우리가 가장 많이 접촉하는 세상이다. 그 안에서 이루어지는 경험과 상호작용의 질은 우리의 행복도에 중대한 영향을 미친다. 이는 특히 요양원의 노인들에게서 잘 나타난다. 그들을 보면 작은 공간에서도 행복해질 수 있음을 알 수 있다. 내가 그들과 만나는 방은 약 26평방미터 크기에 주로 2인용이다. 이 작은 공간에서 이루어지는 일들은 놀라울 정도로 복잡하며 한 사람의 삶의 질을 크게 좌우한다. 예를 들어 이 공간을 집에서 가져온 가구나 소품으로 장식하면 안락한 느낌이 들고 기분도 크게 좋아진다.

겉모습도 중요하다

모든 유기체는 환경과 만족스러운 관계를 맺을 필요가 있다. 인간도 예외가 아니다. 그러나 인간은 환경을 직접 선택하고 바꿀 수 있는 능력이 있다는 점에서 특별하다. 농업 분야에서 지적 능력을 이용한 환경 변화가 주는 장점이 드러나는 것이 바로 유리 집(glass house)이다. 유리 집은 식물의 생장 조건을 최적화하기 위해 고안된 환경이다. 아무리 기후 조건이 열악해도 유리 집에서는 햇빛과 온도, 습도, 수분량, 토양의 질을 조절하여 식물의 성장을 촉진할 수 있다. 유리 집 바깥은 척박하고 열악한 환경일 수 있다.

개인도 몇 가지 요소를 조절하면 자신의 환경을 유리 집처럼 만들 수 있다. 웰빙을 극대화하고, 가혹한 외부 요소들로부터 자신을 지켜줄 수 있는 환경 말이다. 인간의 이상적인 몸 상태를 위해서는 토양이나 습도 조절이 아니라 물리적 환경(질서, 청결, 아름다움 등)과 사회적 환경(인간관계, 성격 표현, 태도와 행동 등), 내면적 환경(음식물 섭취, 정신적 자극 등)에 주의를 기울여야 한다. 유리 집에 사는 사람은 환경을 자신에게 유리하게 바꿀 수 있다.

우선 물리적 환경에 대해 살펴보자. 요양원 거주자는 자신의 일생을 작은 방에 압축시켜 놓는다. 그래서 요양원의 방은 주인에 대해 많은 것을 드러내주는 스냅사진 같다. 요양원 생활이 결정되는 순간 자신의 물건 중 어떤 것을 가져다 놓을 것인지 결정해야만 한다. 나는 지금까지 요양원의 수많은 방을 방문했다. 방에 들어서는 순간 그 방 주인의 전반적인 이미지가 눈앞에 그려진다. 내 경험상 모든 방에서는 사람과 환경의 양방향적 관계가 드러난다(사람이 환경에 영향을 미치는 것처럼 환경도 사람에게 영향을 미친다). 일반적으로 방에 들어선 순간 특정한 '분위기'가 느껴지고, 그것을 통해 거주자에 대한 인상이 점쳐진다. 어떤 느낌이 드는가? 어떤 냄새가 나는가? 깨끗하고 정리가 잘되어 있는가? 지저분하고 어수선한 환경은 당연히 그곳에 사는 사람은 물론 그를 돌봐주거나 방문하는 사람들에게도 영향을 미칠 것이다.

집처럼 포근한 느낌도 중요하다. 개인적인 공간처럼 느껴지는가, 아니면 시설처럼 느껴지는가? 읽을거리, 사진, TV, 전화, 라디오, CD 플레이어, 화분, 집에서 가져온 가구 등 삶에 대한 의지를 보여주는 신호가 있는가? 나는 개인적인 공간에 치료의 힘이 있다는 사실을 실감한다. 예를 들어 학교생활에 불안을 느끼는 아이는 인형 등 집과 관련된 물건을 학교에 가져가면 도움이 된다. 부모님이나 형제자매의 사진을 책상이나 사물함, 주머니에 넣어 두는 것도 좋다. 대학생에게는 기숙사 방을 실제 자기 방처럼 꾸며 집에 대한 그리움을 줄이라고 조언한다.

덧붙여서 요양원 거주자의 겉모습도 중요하다. 코미디언 빌리 크리스탈(Billy Crystal)은 "멋진 외모보다 좋은 기분이 더 중요하다!"라고 했다. 겉모습이 멋지면 기분도 좋아진다. 타인의 도움이 필요한 사람일수록 청결하고 옷차림이 깔끔하면 자존감에 도움이 된다. 예전에 한 거주자의 가족이 내게 아픈 아버지가 매일 힘들게 씻고 면도하고 옷을 갈아입어야 할 필요가 있느냐고 물었다. 나는 정신위생만큼이나 깔끔한 겉모습이 중요한 이유를 설명해주었다. 물론 아버지가 불필요한 고통이나 불편을 겪지 않기 바라는 가족의 마음도 이해는 할 수 있지만 겉모습이 주는 효과를 간과한 것이다. 몸을 깨끗하게 단장하면 스스로도 기분이 좋아지지만 사회적인 측면에서도 유익하다. 타인에게 더 매력적으로 보이기 때문이다. 겉모습이 단정하지 못하고 고약한 냄새가 나면 혐오나 역겨움 같은 부정적인 감정을 일으킬 수 있다. 얼굴에 잔뜩 때가 묻고 헝클어진 머리에 코를 흘리는 아이는 사람들에게 회피 대상이 될 수 있다.

마음은 외부 환경에 영향을 받는다

나는 주변 사람들로부터 자녀가 다닐 유치원 선택을 도와달라는 부탁을 자주 받는데 그럴 때면 학교의 소소한 부분부터 평가해보라고 조언한다. 아이가 주로 생활할 교실과 선생님이 아이를 맡겨도 괜찮을 정도로 긍정적인 사람인지를 살펴봐야 한다. 유치원에 대한 평판은 교실에서의 경험이 아이에게 어떤 영향을 미칠지에 대한 대략적인 지침일 뿐이다. 어린아이의 유치원 생활은 담당 교사나 도우미 교사 등 한두 명에 의해 좌우된다. 그것을 기준으로 아이에게 가장 좋은 교육 환경을 선택해야 한다.

그렇다면 어른의 삶에서는 어떤 부분이 중요할까? 직장 상사는 직장 만족도나 업무 수행도에 큰 영향을 미친다. 아무리 좋은 직장이라도 직속 상관이 상대하기 어려운 사람이라면 사기가 떨어지고 불만도 커진다. 오래 다닌 직장에서 갑자기 직속 상관이 바뀐 후 직장에 대한 만족도가 완전히 달라지는 경우를 많이 봤다. 이처럼 주변 인물의 변화는 삶의 질에 엄청난 영향을 끼칠 수 있다. 살다 보면 직장에서 혹은 사회나 가족 모임에서 어쩔 수 없이 피하고 싶은 사람과 어울릴 수밖에 없는 일도 종종 생기지만 가능하면 긍정적인 사람들과 어울리도록 의식적으로 노력해야 한다.

가족 관계가 중요한 이유도 마찬가지다. 일반적으로 가족은 가장 편안하고 신뢰할 수 있는 사람들이다. 좋은 가족 관계는 스트레스와 압박감을 줄여주는 완충제 역할을 한다. 하지만 요양원 거주자들은 아무리 가족이 자주 방문한다 해도 다른 거주자나 요양원 관계자들과 가장 많은 시간을 보낼 수밖에 없고, 이에 따라 마음의 자양분이 되는 인간관계를 발전시키는 데 어려움을 겪기도 한다.

내면적 환경의 관리는 소비, 즉 외부에서 받아들이는 것과 관련이 있다. 여기에는 음식물 섭취뿐만 아니라 정신적 자극도 포함된다. 나는 80~90년 동안 살아온 사람들과 많은 시간을 보내다 보니 나이가 들면 삶에서 가장 기본적인 것들에 큰 변화가 일어난다는 사실을 알게 되었다. 젊을 때는 자극을 추구하지만, 늙어서는 오히려 최소화하려 한다는 사실이다. 요양원에서 살아가는 노인들은 어릴 때 먹을 것이 풍부하지 못했다. 예전에는 기본적인 필수품을 얻기 위해서도 힘들게 일해야 했다. 유흥을 즐길 만한 수단도 다양하지 못했고 그럴 만한 시간을 내기도 힘들었다. 하지만 요즘 사람들은 얼마든지 음식을 배부르게 먹을 수 있다. 정신적 자극과 유흥에 접근하기도 쉬워졌다. 현대인은 오히려 소비 과다로 고통을 받는다. 고도 비만, 각종 게임이나 포르노 또는 폭력적인 TV 프로그램 중독이 그 예다. 신체와 정신이 무엇을 흡수하느냐에 주의를 기울여야 한다. 질 낮은 소비는 배와 허리, 심장, 혈관, 뇌에 쓸모없는 것들을 잔뜩 쌓기만 할 뿐이다.

환경이 바뀌면 사람도 바뀐다

세 자녀를 둔 72세의 미망인 카르멘을 처음 만났을 때 그녀의 방은 독특한 방식으로 정리되어 있었다. 그녀는 집에서 가져온 물건들을 침대와 침대 주변에 쌓아놓았다. 필요한 물건을 쉽게 찾기 위해서라고 했지만 그것은 마치 그녀가 다른 사람들과의 사이에 쳐놓은 방어벽 같은 느낌이었다. 방에 들어섰을 때 '정말 편리해 보이네. 필요한 물건을 금방 찾을 수 있겠어'라는 생각은 들지 않았다. 오히려 '카르멘이 쌓아놓은 만리장성 같은 벽을 내가 어떻게 뚫고 들어갈 수 있을까? 그녀는 저 벽에서 어떻게 나올 수 있을까?'라는 의문이 들었다. 실제로 그녀는 주로 방 안에서 지냈고 사람들이 방문해도 별로 반가워하지 않았다.

요양원 관계자들은 사회적으로 고립되어 있는 그녀가 걱정되어 내게 그녀의 심리 상태를 살펴봐달라고 했다. 카르멘은 외로움과 지루함, 울적함을 자주 호소했다. 대부분의 시간을 혼자 TV를 보거나 라디오를 들으며 보냈다. 그녀는 TV 뉴스나 라디오 시사 프로그램에 관심을 보였고 정치에 대한 불만을 자주 토로했다. 그럴 때면 울적함이 더해지는 듯했다. 그녀는 요양원 관계자들이 강하게 권유할 때만 마지못해 방에서 나왔는데, 그럴 때도 휠체어에 앉아 겨우 바깥 복도에 나가 있는 정도였다. 그녀는 복도에서 마주치는 사람들 모두에 대해 불만을 표시했다. 다른 사람들의 대화나 그들의 존재 자체가 그녀의 신경에 거슬렸다. "내 마음에 드는 사람들이 아니야. 내 마음에 드는 사람들은 다 위층에 살아." 카르멘은 요양원에서 제공하는 프로그램에도 전혀 관심을 보이지 않아서 활동량이 거의 없었다. 식습관에도 문제가 많았다. 과체중이고 패스트푸드나 인스턴트식품 같은 간식을 선호했다. 가뜩이나 활동량이 거의 없는데 건강 상태마저 도움이 되지 않았다. 척추관협착증을 앓고 있어서 다리가 약하고 통증이 심해 걸을 수가 없었다.

이처럼 카르멘을 둘러싼 환경은 행복을 샘솟게 하는 것과는 거리가 멀었다. 그녀는 몸과 마음에 장벽을 쌓아 두고 주변 사람들을 멀리했다. 침대 주위에 가득 쌓인 물건들은 그녀의 방에 들어가거나 나가는 사람 누구라도 마음을 불편하게 하고 긴장감을 느끼게 만들었다. 게다가 카르멘은 형편없는 식습관과 적은 운동량으로 자신의 몸을 학대하고 있었다. 그리고 마음에 자양분을 공급하는 대신 부정적인 내용이 가득한 TV와 라디오 방송에만 몰두했다. 이러한 사회적 고립 상태로 볼 때 그녀가 울적함을 느끼는 것도 당연했다.

하지만 카르멘은 몇 달 동안 기분과 삶의 질을 개선하기 위해 변화를 시도했다. 그녀와의 상담 치료에서 가장 결정적인 순간은 요양원 생활에 좀 더 잘 적응할 수 있다는 사실을 그녀가 깨닫도록 한 것이었다. 스스로 자신의 행복을 설계해나갈 수 있음을 깨달은 중요한 단계였다. 그녀는 깨달음을 얻기 전에는 불평만 하거나 단순히 상황이 나아지기를 기다리는 소극적인 태도를 보였다. 홀로 고립된 상태여서 무력감이 더욱 컸다. 하지만 고립감과 무력감을 없애주는 효과적인 행동이 있었다. 그녀가 방을 나가는 것도, 다른 사람이 방문하는 것도 가로막았던 물리적인 장애물을 제거한 것이다. 그리고 방을 산뜻한 느낌이 들도록 꾸몄다. 나는 그녀에게 복도에서 어쩌다 마주치는 사람들이 아니라 마음에 드는 사람들과 교유하도록 장려했다. 그녀는 매일 5분씩 나와 함께 만든 감사 목록을 살펴보거나 살면서 있었던 긍정적인 일을 한 가지씩 떠올리기로 약속했다. TV와 라디오도 시사 문제나 부정적인 내용을 다루는 프로그램을 멀리하고 더 다양한 프로그램을 즐기기로 했다. 카르멘은 관심의 초점을 다른 곳으로 돌림으로써 긍정적인 감정을 경험했고 자기 효능감이 커지는 추가적인 이익도 얻었다.

카르멘은 오락 프로그램을 시청하고 라디오로 음악을 들었으며, 과일 섭취를 늘리고 단 음식을 줄이는 등 건강한 식습관을 가지려고도 노력했다. 마지막으로 카르멘은 일주일에 며칠씩 운동 프로그램에 참여했다. 활동과 교유가 늘어나자 전반적인 기분도 크게 향상되었다.

만족감이 주는 행복

세상이 크게 바뀌지 않아도 행복과 안전, 편안함을 느낄 수 있다. 작은 변화만으로 가능하다. 카르멘이 추구한 변화는 스스로를 조금씩 바꿔가는 것이었다. 그로 인해 세상의 빈곤과 범죄, 전염병 같은 문제가 해결된 것도 아니고 경제가 살아난 것도 아니었다. 하지만 작은 변화는 카르멘의 삶에 큰 영향을 미쳤다.

아무리 글로벌 세상이라고 하지만 세상과의 상호작용은 여전히 개인적이고 지역적으로 이루어진다. 주변에서 일어나는 일이 만족과 행복을 좌우한다는 뜻이다. '집 앞마당을 가꿔라'라는 말에는 인생의 지혜가 담겨 있다. 모래에 머리를 파묻고 주변을 전부 무시하라는 말이 아니다. 이 넓고 넓은 세상에서 우리가 스스로 통제할 수 있는 것은 적지만 가능한 것만큼은 최대한 주도권을 잡아 영향력을 행사해야 한다. 행복하고 평화로운 삶을 위해 자기만의 유리 집을 짓자.

더 나은 삶을 원한다면 주위 환경부터 바꿔야 한다

+ **주로 생활하는 공간들을 최대한 편안하고 쾌적하게 꾸민다.**

사랑하는 사람들의 사진이나 화분을 가까이 놓아두면 심리적 편안함을 느낄 수 있다. 때로는 사진 속의 사랑하는 사람들과의 추억이 열심히 일해야 하는 이유를 일깨워주기도 한다.

+ **다양한 분야에 걸쳐 정신을 소비하라.**

영양가 없는 음식을 먹으면 몸이 망가진다. 마찬가지로 부정적인 정보만 접하거나 비디오게임처럼 무분별한 오락에 집착하면 정신건강에 해롭다. 독서, 글쓰기, 음악 감상, 대화, 명상, 영화와 TV 프로그램 시청 등 다양한 분야에 걸쳐 정신을 소비하라. 영양소를 골고루 섭취하면 몸에 좋은 것처럼 정신적으로도 다양한 소비가 이루어져야 한다.

+ **삶의 긍정적인 면에 집중하라.**

감사 목록을 만들어 자주 살펴본다거나 기분 좋은 경험을 떠올리는 등 의도적으로 삶의 긍정적인 측면에 집중하려는 노력을 한다. 내가 좋아하고 나를 기분 좋게 만드는 사람들과 시간을 보낸다.

+ **나만의 작은 목표를 세운다.**

성공과 자기 효능감, 자존감, 기분 상태에 이롭도록 자신과 환경에 변화를 주는 작은 목표를 세운다. 세계 평화까지는 아니더라도 자신을 둘러싼 세상은 더욱 평화로워질 수 있다.

인생질문 10

—

—

—

억눌린 감정을 해소하는 가장 효과적인 방법은?

우리가 하는 말은 타인의 생각뿐만 아니라
마음과 영혼, 몸 안의 세포에도 영향을 미친다.
마찬가지로 자신에게 하는 말은 자신의 몸에 영향을 미친다.
관찰에 따르면 우리는 마음속으로 하는 말에 대해
다른 사람이 우리에게 말했을 때와 똑같이 반응한다.
그러니 말을 할 때는 남에게는 물론이고
혼잣말을 할 때조차 조심해야 한다.

말은 정신의 언어

에너지는 눈에 보이지 않지만 어디에나 있다. 지금 이 순간에도 방 안의 불빛과 컴퓨터와 휴대전화, TV 리모컨이 전기와 라디오파, 적외선에 의해 작동하고 있고 언제든 손만 내밀면 이용할 수 있다. 그런데 이 외에도 잘 드러나지는 않지만 굉장한 에너지를 지닌 것이 하나 더 있다. 바로 '말'이다.

말은 그저 공기 중에 흩어지는 바람과 다를 바 없는 걸까? 말의 힘을 과소평가해서는 안 된다. 말에는 상처를 주거나 또는 치유할 수 있는 힘이 있다. 심리학에서 말하는 '정신(psyche)'의 개념에 따르면, 마음은 지적·정서적 기능의 중심이자 우리 영혼 또는 정신의 본질이다. 그리고 그것을 외부로 드러내는 것이 바로 말이다. 그러므로 대화는 마음에서 일어나는 것이며, 추상적인 정보가 물리적인 형태로 변환되어 몸을 통해 전송된다. 말은 우리가 손 하나 까딱하지 않고 타인의 몸과 마음, 영혼에 닿도록 해준다.

우리 주위 곳곳에 에너지가 작동하고 있다는 사실은 비싼 장비를 가진 물리학자가 아니라도 알 수 있다. 조명 스위치를 켜거나 리모컨이나 휴대전화를 누르는 것만으로도 확인할 수 있다. 누르는 순간 어떤 효과가 나타난다. 말도 마찬가지다. 나는 요양원에서 눈에 보이는 접촉은 아니지만, 대화를 통해 사람들을 위로하고 정서적 지원을 해준다. "정말 훌륭한 어머니이십니다. 존경스럽습니다"라는 내 말이 어떤 효과를 가져오는지는 상대방의 어조, 태도, 감정에서 드러난다. 말은 정보 전달을 통해 서로의 몸과 마음에 영향을 미치는데, 이는 사람들의 몸과 마음이 서로 연결되어 있음을 알려주는 흥미로운 증거다.

마음 치료가 최우선이다

심리 치료는 재활 시설에서 어떤 위치를 차지할까? 어떻게 말하기에만 의존해 사람을 치유할 수 있을까? 환자들은 눈에 보이는 실질적인 개입과 약품을 필요로 하지 않을까? 이 질문은 심리 치료의 핵심을 살펴보게 만든다. 이에 대해 더 자세히 살펴보기 전에 먼저 환자들이 요양원으로 오게 되는 과정을 알아보자.

보통은 집에서 요양원으로 바로 오지 않는다. 일반적으로 요양원은 두 번째 정거장으로 병원에 입원해 있다가 재활이나 장기 생활을 위해 오게 된다. 따라서 요양원에 도착할 때쯤이면 노인들은 병원에 입원하게 만든 병이나 상해로 인한 고통은 물론 치료 과정과 입원 생활에서 겪는 부수적인 어려움까지 모두 경험한 상태다. 그들 대부분은 신체적 통증이나 불편함과 싸우는 상황이고, 오랫동안 집을 떠나 있어 가족과 친구들을 그리워하며, 이제는 낯선 사람들 속에서 요양원의 정해진 일과에 따라 생활해야 하는 처지이다. 결국 요양원에 처음

도착한 이들은 매우 당혹스러움을 느끼고 몸과 마음, 정신이 통째로 흔들린다. 물론 의사와 간호사, 재활 전문가들은 그들의 몸과 정신세계를 고쳐주려고 최선을 다한다. 이는 요양원에서 일하는 다른 정신질환 전문가들(사회복지사와 정신과 의사 등)에게도 가장 중요한 문제다.

앞에서 제기한 질문, 요양원에서 심리 치료가 차지하는 중요성으로 다시 돌아가보면 무엇보다 인간의 몸과 마음, 정신은 모두 연결되어 있다는 점을 잘 생각해봐야 한다. 재활 시설에서 정신 건강은 배제한 채 신체적으로 필요한 치료만 하는 것은 큰 실수다. 말하기는 매우 강력하고도 복잡한 자기 표현이자 사회적 상호작용으로 이루어진다. 대부분의 사람들은 일상적으로 큰 어려움 없이 말을 할 수 있기 때문에 어떤 사람들은 말하기로 어떻게 치료가 될 수 있느냐고 반문하기도 한다. 그러나 약학 치료가 대부분 일반 식품에서 유효 성분을 따로 추출해내 시행되는 것처럼 말하기 역시 제대로만 활용하면 치유의 원리로 작용하여 평범한 대화를 치료적 개입 수준으로까지 끌어올려줄 수 있는 요소들을 발견할 수 있다.[1] 정신의학자 어빈 얄롬(Irvin Yalom)은 말하기가 치료에 어떻게 도움이 되는지를 보여주었다. 그것은 희망의 고취, 즉 보편성·학습·정화다. 나는 여기에 개인의 가치(자존감) 회복과 자기 효능감의 촉진을 더하고 싶다.

희망과 사기의 고취는 내가 요양원 환자들을 치료할 때 우선순위로 삼는 부분이다. 요양원에서 제공되는 돌봄 서비스에서 효과를 보려면 노인들에게는 희망과 투쟁 정신이 필요하다. 물리적 치료가 고통과 불편함을 동반하기 때문에 피하고 싶어 하는 것은 자연스러운 반응이다. 이때 사람들은 고통을 통해 얻는 것이 있다고 느껴야만 도전을 헤쳐 나갈 수 있다.

감정을 쏟아낼 출구가 필요하다

일반적으로 요양원의 노인들은 감정 과잉 상태이므로 감정을 쏟아낼 출구가 필요하다. 사랑이 넘치는 가족이 있어도 속상해할까 봐 감정을 솔직하게 드러내는 것이 불편하다고 말하는 노인이 많다. 요양원 관계자들은 특정한 문제에 대해 노인들과 자세한 이야기를 나누기에는 너무 바쁘다. 감정은 자신에게 중요한 경험을 통해서 형성된다. 건강과 웰빙은 매우 중요한 사안인 만큼 그것들이 위협받으면 강렬한 감정이 일어날 수밖에 없다. 요양원 노인들에게는 상담치료사와 이야기하는 것만으로도 감정의 배출구가 마련되어 카타르시스로 이어질 수 있다.

감정 과잉으로 괴로워하다 보면 자존감이 낮아질 수 있다. 나는 노인 환자들의 자존감을 높여주기 위해 함께 시간을 보내면서 관심을 기울이고 이야기를 들어주고 도와주려고 한다. 정기적으로 방문해 지난번에 나눈 대화 내용을 기억하고 도움을 제시하면 그들은 일반적으로 관심 어린 걱정이라고 느낌으로써 자존감을 회복한다.

다른 사람의 도움에 의존해 생활할 수밖에 없는 처지에 놓이면 무력감이 느껴지는 상황이 자주 발생한다. 결과적으로 여러 가지 치료에 적극적으로 참여하려는 동기가 약해진다. 요양원의 노인들은 슬픔이나 불안 같은 감정이 강하면 다스리기 버거워한다. 자신의 감정을 다스릴 수 없는 것만큼 불안한 일은 없을 것이다. 실제로 사람들은 감정에 압도되면 자신이 미쳐가는 것 같다고 말한다. 반대로 자신의 감정을 제어할 수 있으면 큰 힘이 된다. 우리는 자기 감정의 증인이지만 무기력한 피해자는 아니다. 우리는 자신이 어떤 감정을 느끼는지 관찰한 다음 일단 인지가 되면 감정에 대처하고 조절하려는 노력을 할 수 있다. 요양원 거주자들에게 슬픔과 불안의 감정을 자기 스스로 바꿀 수 있는 검증된 방법이 존재한다는 사실을 알려주고 불쾌한 감정을 효과적으로 관리하도록 도와주면 자신의 능력에 대한 믿음, 즉 자기 효능감이 올라간다.

생각과 감정을 말로 표현하라

그렇다면 말은 어느 지점에서 중요한 역할을 할까? 심리 치료는 모두 사람 간에 말을 주고받음으로써 이루어진다. 말의 사용은 치유에 영향을 끼칠 수 있다. 말은 친밀감의 토대를 제공하기도 한다. 일반적으로 상대방이 어떤 감정을 느끼는지는 태도나 행동을 보고 추측할 수 있다. 입 밖으로 낸 말의 구체성이나 확실성으로 추측하는 것이 아니다.

요양원에 거주하는 바네사는 오른쪽 무릎의 통증과 영구적인 장애에 대한 두려움, 좋아하는 일을 더 이상 할 수 없게 된 현실에 대해 이야기하면서 눈물을 흘렸다. 나는 그녀의 고통이 얼마나 심한지, 왜 고통스러워하는지 알 수 있다고 확신했다. 또한 그녀가 나에게 그런 이야기를 하는 것은 깊은 신뢰와 친밀함이 있어서라는 것도 알 수 있었다. 바네사의 경우처럼 민감한 개인 정보를 밖으로 드러내주면 그 사람이 어떤 감정을 느끼고 무엇을 필요로 하는지 비교적 쉽게 알 수 있다. 생각은 겉으로 표현되기 전까지는 지극히 개인적이고 주관적인 영역이다. 나는 요양원 환자들이 사적인 이야기를 할 때면 나를 믿어줘서 고맙다는 표현을 꼭 한다. 요양원은 노출이 많고 사생활이 거의 없는 환경이지만 그렇기에 더욱 자신을 드러내는 것이 결코 쉽지 않다. 요양원의 노인들은 생각과 감정을 드러내는 데 있어서는 신체에 비해 훨씬 큰 주도권을 행사할 수 있다. 바네사가 심리적인 고통을 호소한 후 우리는 직접 치료를 통해 그녀의 감정에 대해 살펴볼 수 있었다. 이처럼 화자가 감정을 말로 표현하면 타인에게 도움을 받을 수 있다.

흥미로운 연구 결과에 따르면 들어주는 사람이 없어도 생각과 감정을 말로 표현하면 심신 건강에 이롭다고 한다. 제임스 페니베이커(James Pennebaker)는 속상한 일에 대한 생각과 감정을 글이나 말로 표현하면 해소에 도움이 된다는 사실을 발견했다.[2] 그는 대학생들을 네 그룹으로 나눠 한 그룹에게는 4일 동안 하루에 15분씩 살면서 있었던 가장 충격적이거나 속상한 일에 대한 자신의 생각과 감정을 글로 쓰게 했다. 나머지 세 그룹은 트라우마에 대한 감정적인 부분은 제외하고 중립이고 사실적인 주제에 관해서만 기록하게 했다. 4개월 후 그들은 트라우마 경험에 대해 오로지 사실만을 적은 다른 세 그룹보다 기분과 건강이 개선된 모습을 보였다. 다시 말해서 글쓰기로 효과를 보려면 트라우마에 관한 사실과 그것에 대한 자신의 생각과 감정을 함께 기록하는 것이 필수였다. 사실만 나열하거나 경험에 따른 감정을 배제하면 효과가 없었다. 정서적 경험에 말을 더하면 자신에 대한 생각과 감정이 바뀌어 스트레스가 줄어들고 건강과 웰빙에 도움이 된다. 속으로 억눌렀던 괴로운 생각과 감정이 밖으로 표출되고 자신에 대한 이해와 통찰이 커지기 때문이다.

생각을 표현하려면 누군가에게 '말'을 해야 하므로 생각을 정리할 필요가 있다. 이 과정을 통해 삶의 중대한 사건에 대해 확실히 알게 되므로 구조와 질서, 의미가 명확해진다. 한마디로 복잡하고 속상한 인생 경험을 말로 바꾸면 새로운 관점과 분리, 객관성이 가능해진다. 말로 표현된 순간 그 경험은 머릿속의 생각이 아니라 이 세상에 존재하는 것이 된다. 자신의 외부에 존재하므로 예전보다 훨씬 덜 위협적으로 느껴지고 차분히 살펴보면서 이해할 수 있다.

말은 소통을 위한 도구

크레이그의 사례는 말이 지닌 치유의 힘을 잘 보여준다. 두 자녀와 아내가 있는 77세의 크레이그는 병원 생활 이후 회복을 위해 요양원으로 왔다. 어릴 때 소아마비를 앓아 그 후유증으로 고생하고 있었다. 그의 아내 힐데는 집에서 지내고 있으며 항암 치료를 받고 있었다. 두 자녀가 어머니를 보살폈다. 자신의 건강은 물론이고 아내까지도 상태가 좋지 않아서 크레이그는 엄청난 스트레스를 받고 있었다. 그는 영문학 석사 학위를 받았고 사립 고등학교와 지역 대학교에서 학생들을 가르치다가 은퇴했다. 똑똑하고 말솜씨가 뛰어나며 말하는 것도 좋아했다. 흥미롭게도 크레이그는 현재보다는 어린 시절의 이야기로 대화의 주제를 돌리는 경향이 있었다. 그는 어렸을 때 소아마비로 위축된 오른쪽 다리 때문에 친구들로부터 놀림을 받았다고 말하며 강한 슬픔과 수치심을 드러냈다. 하지만 당시의 끔찍한 경험과 자신이 느낀 감정에 대해 돌아가신 부모님은 물론이고 아내에게도 말한 적이 없다고 했다.

고통스러운 감정을 안에만 담아 두었으니 제대로 치유될 리가 없었다. 50년이라는 세월이 지났지만 당시의 감정은 조금도 희미해지지 않은 듯했다. 시간이 흐른다고 트라우마가 저절로 치유되지는 않는다. 크레이그는 여전히 자신이 '병신'처럼 느껴지고 창피하다면서 자신의 신체와 외모, 소아마비에 대한 증오심을 드러냈다. 크레이그와 이야기를 하고 있으면 자신의 인생에 대해 일부만 기록한 작가의 이야기를 듣는 기분이었다. 대학원 교육까지 받았고 훌륭한 교육자였으며 아내와 두 자녀와도 행복한 관계를 유지하고 있는데도 그의 개인적 서사는 청소년기에서 멈춘 듯했다. 하지만 다행히 크레이그의 이야기는 증오와 조롱에서 끝나지 않았다. 심리 치료를 통해 극복과 승리의 이야기로 바뀌었다. 자신의 인생 이야기를 고쳐 써야 할 필요성을 깨달은 것이 그에게 큰 도움이 되었다.

나는 크레이그에게 어린 시절의 경험에 대한 밝은 측면을 찾아보도록 했다. 사회적 거절과 심리적 고통을 경험하게 만든 소아마비가 원망스러운 것은 당연했다. 하지만 그런 것들이 없었다면 그는 어떤 사람이 되었을까? 지금과 똑같이 멋진 사람이 되었을까? 아내를 만나 두 자녀의 아버지가 될 수 있었을까? 알 수 없는 일이다. 확실한 것은 결과적으로 다 잘되었다는 것이다. 나는 상담 치료를 할 때 환자들과 당시에는 분명하게 드러나지 않았을지라도 결과적으로 성장에 도움이 된 인생 교훈에 대해 이야기를 나눈다. 크레이그는 사회적 거절의 고통을 이기기 위해 공부와 종교 생활에 열중했고 좋은 결과로 이어졌다.

말하기는 크레이그에게 도움을 주었다. 오랫동안 숨겨왔던 부정적인 경험을 처음으로 드러냄으로써 고통스러운 감정이 사라지고 새로운 관점이 생겼다. 자신과 자신의 인생 이야기를 새롭게 이해하게 됐고 고통이 줄어들었다.

말과 의미를 통해 상대방의 마음과 기분에 영향을 끼칠 수 있다면, 마음을 통해 몸에도 영향을 끼칠 수도 있지 않을까? 눈에 보이지 않는 마음은 의미를 통해 눈에 보이는 몸에 영향을 끼칠 수 있다. 마음으로 들어오거나 거기에서 생기는 말들은 모두 의미가 부여된 정보다. 그 정보는 전기 및 화학적인 내면의 소통 방식을 통해 몸으로 퍼진다. 의사로부터 심각한 병에 걸린 것 같다는 진단 소견을 듣게 되면 강렬한 반응이 일어날 것이다. 그 말을 듣는 순간 건강 상태가 즉각 바뀌지 않았는데도 방금 전과는 다른 느낌이 들 것이다. 마음은 의미를 만들고("내 인생은 끝이야. 끔찍해!") 몸은 그에 따라 반응한다. 이번에는 긍정적인 예를 들어보자. 신문을 보다가 복권 당첨 사실을 알게 되었다. 아직 한 푼도 받지 못했지만 몸과 마음에 엄청난 변화가 느껴질 것이다. 마음은 정보를 해석하고 ("난 부자야. 끝내준다!") 몸도 내면의 긍정적인 메시지에 따라 반응한다. 이처럼 말은 몸 안에서 에너지 형태가 된다. 신체적·화학적·전기적 변화가 (정보의 본질에 따라) 긍정적이거나 부정적인 감정을 만들어내기 때문이다.

따라서 말은 어떻게 사용하느냐에 따라 이로울 수도, 해로울 수도 있다. 우리는 말을 통해 타인의 생각뿐만 아니라 가슴과 영혼, 몸 안의 세포에도 영향을 미친다. 마찬가지로 자신에게 하는 말은 자신의 몸에도 영향을 준다. 임상학적 관찰에 따르면 우리는 마음속으로 하는 말에 마치 남이 우리에게 하는 말에 반응하는 것과 똑같이 반응한다. 그러니 말을 할 때는 남에게는 물론이고 혼잣말을 할 때조차 조심해야 한다.

자기 자신에게 말 걸기

지금까지 말한 것처럼 생각과 감정을 말로 표현하는 것은 심신 건강에 큰 도움이 될 수 있다. 특히 전문 심리치료사의 도움을 받을 수 있으면 더욱 좋다. 때때로 생각이 우리의 안팎으로 문제가 될 수도 있다. 생각을 많이 한다는 건 좋은 일이지만 융통성 없고 반복적인 생각들로 이루어지는 강박적 사고는 도움보다는 괴로움만 줄 뿐이다. 융통성 없는 사고는 비생산적이고 절대로 만족스러운 해결책이나 결론에 이르지 않는다. 오히려 불쾌하고 불청객같이 느껴진다. 한마디로 감정과 정신의 소모만을 가져올 뿐이다.

크레이그 역시 반복적인 생각에 빠져 있었다. 그는 평생 속상한 일이 있을 때마다 '난 어려서부터 되는 일이 없었어. 앞에서는 웃지만 다들 뒤돌아서면 내 몸이 이상하다고 수군대겠지'라는 생각을 했다고 털어놓았다. 강박적이고 반복적인 생각을 애써 무시하려고 드는 것은 별로 도움이 되지 않는다. 그러면 오히려 문제가 악화된다. 생각이 떠오르는 것을 어쩔 수는 없지만 그 이후는 스스로 제어할 수 있다.

크레이그는 강박적인 생각이 들 때마다 스스로에게 이렇게 말하는 법을 배웠다. '또 부정적인 생각이 떠올랐군. 부정적인 강박증의 일부니까 더 이상 신경 쓸 필요가 없어'라거나 '예전에는 나 자신에 대해 그렇게 생각했었지. 하지만 더 이상은 아니야. 내가 거둔 성공에 집중하자'라고 말이다. 나는 그에게 부정적인 생각을 아예 그만두라고 조언하지 않았다. 그건 불가능한 일이니까. 그 대신 부정적인 생각이 떠오르면 그것이 마지막 생각이 되지 않도록 다른 긍정적인 생각을 계속하라고 제안했다. 이는 말에 말로 응수하는 방식으로, 그는 고통이 계속되게 두는 대신 치유를 돕는 데 말을 사용했다.

자기 자신에게 말을 건다는 게 처음에는 어색할 수도 있겠지만, 사실 우리는 그동안 계속해서 자신에게 말을 걸어왔다. 불평이 바로 그것이다. 하지만 이제부터라도 그런 부정적인 말보다는 긍정적인 대화를 자신과 나누도록 연습해야 한다. 다시 강조하지만, 말은 내뱉으면 공기처럼 흩어지는 것이 아니다. 다른 사람은 물론이고 자기 자신의 몸과 마음에도 영향을 미친다는 것을 기억하자.

•• Lesson 10

말은 눈에 보이지는 않지만 몸과 마음에 큰 영향을 미친다

+ **말에는 큰 힘이 있다.**

  말은 어떻게 사용하느냐에 따라 해로울 수도, 이득이 될 수도 있다. 특별히 주의를 기울여서 이 힘을 자신과 타인에게 긍정적으로 사용해야 한다.

+ **생각과 감정을 말로 표현하라.**

  삶에서의 경험은 긍정적이든 부정적이든 강렬한 감정을 일으킨다. 규칙적으로 생각과 감정을 언어로 표현하는 것은 꾸준한 운동과 좋은 식습관만큼 건강에 좋다. 들어줄 사람이 없다면 글로 쓰거나 녹음기에 대고 말해도 좋다. 가까운 누군가에게 생각을 털어놓으면 더욱 친밀한 관계가 형성되고 필요한 경우에는 도움을 받을 수도 있다.

+ **대화 상대자가 꼭 가까운 사람일 필요는 없다.**

  언제 심리치료사의 도움을 받아야 할지 정해진 기준은 없지만 만약 자주 좌불안석이 되고 가족과 친구들의 도움으로도 심적 고통이 해소되지 않는다면 심리치료사와의 만남을 고려해보는 것이 좋다. 그들과의 대화가 도움이 될 것이다.

인생질문 11

–

–

–

어떻게 해야 스트레스를 줄이며 살 수 있을까?

사람마다 스트레스 정도는 다르게 나타난다.

비슷한 상황에 놓여도 반응은 천차만별이다.

예를 들어 26세의 리는 평생의 꿈이던

로스쿨에 합격한 후 오히려 불안과 자기 의심에 시달렸다.

마리나는 금융 기관의 고위급 간부로 승진했다.

그녀는 새로운 도전에 흥분했고 적극적으로 기회를 받아들였다.

한 사람에게는 스트레스가 되는 일이

다른 사람에게는 기쁨이 될 수도 있다.

사랑에는 한계가 없다

누군가를 사랑하거나 연민을 느끼고 보살피는 능력에는 한계가 있을까? 학창 시절에 인내가 한계에 이르러 아이들에게 화를 내는 선생님을 본 적이 있을 것이다. 돌봄 제공자들 역시 누군가를 보살피는 일에 지쳐 금방 일을 그만두거나 몸과 마음에 한계가 오게 될까? 나는 심리치료사로 활동하기 시작한 초기에 사랑이라는 감정에도 한계가 있는지 궁금했다. 개인적으로나 직업적으로 누군가를 보살피는 사람들에게는 중요한 사안이다. 지금까지 요양원에서 수많은 노인을 만났고 전문 돌봄 제공자들의 행동을 지켜본 결과 답이 분명해졌다. 한 사람이 쏟을 수 있는 사랑이나 관심의 깊이 혹은 관심을 둘 수 있는 사람의 숫자에는 한계가 없다. 하지만 필수적인 기본 조건이 갖춰져야만 사랑의 공급이 지속된다.

요양원에서 애정 담긴 보살핌이 가능하려면 기본적으로 돌봄 제공자가 환자를 개인적으로 잘 알아야만 한다. 일반적으로 할 일이 무척 많은 돌봄 제공자들에게 새 환자는 식사를 도와주고 약을 주고 보고서를 써야 할 대상이 한 명 늘어났다는 것을 의미한다. 한마디로 일이 더 늘어난 것이다. 하지만 격식에 얽매이지 않는 호의적인 관계가 형성되면 이야기는 달라진다. 개인 대 개인으로 환자를 알게 되면 공감과 유대감이 형성된다. 서로의 인생 이야기를 나눔으로써 주고받는 친밀함이 사실 정보보다 더 중요하다. 돌봄 제공자가 환자를 개인적으로 알게 되는 순간, 두 사람 사이에는 좀 더 인간적인 관계가 형성된다.

유대감 형성이 중요하다

내가 베티 앤을 처음 알게 된 것은 최소한의 정보만 담겨 있는 평범한 기록을 통해서였다. "장기 병동에 새로 들어온 91세 여성 환자. 우울증 측정에서 높은 점수. 혼자 방 안에서만 지냄." 이 최소한의 정보만으로도 베티 앤의 상태를 지켜봐야 하는 이유를 알 수 있었다. 하지만 이것은 개인적인 정보와는 거리가 멀었다. 나는 늘 하듯이 그녀를 직접 만나보기 전에 요양원 차트를 살피면서 인적 사항과 병력 등을 메모했다. 베티 앤은 근처에 있는 병원에서 요양원으로 옮겨왔다. 낙상으로 허리뼈가 골절되어 응급실로 옮겨졌다가 병원에 입원했다. 요양원에 오기 전에는 네 자녀를 둔 미망인으로 혼자 살고 있었다. 차트에 정신 질환 이력이나 치료에 관한 내용은 없었다.

파일에 중요한 임상 정보는 다 들어 있지만 나는 그녀에게 개인적인 유대감을 느끼지 못하는 상태였다. 당연하지 않은가? 환자에 대한 사적인 정보라도 직접 만나기 전까지는 하나의 사실로만 다가올 뿐이다. 직접 만나본 베티 앤은 상냥했고 의지가 엿보였고 대화도 잘 나눌 수 있었다. 세 차례의 상담을 진행한 후 나는 그녀가 어떤 사람인지를 분명히 알 수 있었다.

베티 앤은 지나간 이야기를 들려주는 것을 좋아했다. 이를테면 크리스마스를 맞아 트리에 불을 밝히고 온 가족이 전부 모여 만찬을 즐겼던 이야기 같은 것이었다. 어린 시절에 받은 크리스마스 선물은 주로 사탕 한 개 혹은 신선한 과일이었다고 했다. 또 그녀는 일요일의 교회 예배에 대해서도 즐거운 표정으로 이야기했다. 온 가족이 가장 좋은 옷을 입고 마차를 타고 교회에 갔다. 영화 입장료가 10센트였던 것과 하늘에 뜬 비행기를 처음 본 이야기, 처음 자동차를 탄 이야기도 들려주었다.

당연히 그녀는 50년 넘게 살아온 집을 떠나기가 싫었다. 그녀는 집에 있던 물건들과 추억을 잃은 것에 대해서도 눈물을 흘리며 이야기했다. 그녀는 나와 만난 지 몇 주 만에 새로운 공간에 잘 적응하고 있는 듯 보였다. 요양원에 처음 온 후 2주 정도는 잠을 잘 이루지 못했는데 점차 나아졌고 식사도 잘했다. 허리와 다리의 통증도 줄어들어서 휠체어를 이용한 활동량도 늘었다. 기분도 한결 좋아져 방에서 자주 나가 여러 활동에 참여했다.

베티 앤의 이야기를 듣다 보니 그녀에 대한 관심과 존경심, 연민이 커졌다. 그녀의 인생 이야기에는 별다를 것이 없었다. 이제는 나를 포함해서 그 자리에 함께 있던 사람들에게만 의미 있는 정보일 뿐이었다. 하지만 이런 소소한 인생 이야기는 수많은 사람들을 유대감으로 이어준다. 백이면 백, 그렇다. 이런 식으로 환자와의 사이에 유대감이 형성되면 인간적인 요소가 작용해 일에 따르는 부담감이 줄어든다.

남을 돌보기 전에 자신부터 돌봐야 한다

요양원에서 긍정적인 태도와 애정으로 환자들을 돌보기 위해 중요한 것이 한 가지 더 있는데, 바로 돌보는 사람의 건강 상태다. 만약 돌봄 제공자가 신체적·정신적인 문제 때문에 고통을 겪고 있거나 사랑과 지지를 충분히 받지 못하고 있다면 요양원에서의 힘든 상황을 견디기 어려울 것이다. 항상 고통을 호소하고 장애로 몸이 불편한 만성 또는 말기 질환을 앓는 노인들을 보살핀다는 것은 정말 고된 일이다. 이 때문에 간병을 맡은 가족들이 번아웃(기력 소진) 상태를 경험하는 경우도 대단히 많다. 놀랄지도 모르겠지만 요양원에서 노인들을 돌보는 전문 돌봄 제공자들 역시 상황은 비슷하다.[1] 연약한 노인들을 돌보는 일은 큰 보람을 느끼게 하지만 아무리 능숙한 전문가라도 희생이 따를 수밖에 없다. 대체로 자신만 환자에게 관심과 연민을 보낼 뿐 환자에게서 돌아오는 것은 부정적인 반응밖에 없기에 돌봄 제공자들은 절망을 느끼고 스트레스를 받는다.

물론 그렇더라도 그들은 전문가로서 난관을 이겨내야 한다. 요양원에 거주하는 노인과 그의 가족들은 요양원의 전문 인력들에게 '업무 적합성'을 기대할 권리가 있다. 만약 돌봄 제공자들이 신체적·정서적·정신적으로 완전히 지쳐서 환자를 돌보는 태도가 부정적으로 바뀔 정도라면 번아웃 상태로 봐야 한다. 기본적으로 번아웃은 만성 스트레스로 인해 발생한다. 요양원에서 돌봄 제공자들의 번아웃은 개인적인 문제만이 아니라 환자의 건강과도 직결되므로 매우 중요하다. 돌봄 제공자는 극도로 연약한 사람들을 상대해야 하는 직업이므로 매우 까다로운 행동 기준이 적용된다. 돌봄 서비스를 제공하는 데 부정적인 영향을 끼치는 것이라면 뭐든지 우려의 대상이 될 수밖에 없다. 물론 번아웃이 찾아왔다면 두말할 필요 없이 당사자의 건강도 위험한 상태이므로, 요양원의 돌봄 제공자들은 일뿐만 아니라 자신의 삶을 위해서라도 스트레스를 관리할 필요가 있다.

어떻게 스트레스를 관리해야 할까?

심리학자 리처드 라자러스(Richard Lazarus)는 스트레스와 그 대처법에 관해 광범위한 저술을 남겼다.[2] 그는 스트레스가 스스로 판단할 때 해롭거나 자신이 처리할 수 없다고 생각되는 상황에 대한 반응이라고 말한다. 다시 말해서 스트레스란 '외부'에서 발견되는 것이 아니다. 스트레스의 보편적 원인이란 없다.

처한 상황과 성격에 따라 스트레스 정도는 다르게 나타난다. 비슷한 상황에 놓여도 반응은 천차만별이다. 예를 들어 26세의 리는 평생의 꿈이던 로스쿨에 합격한 후 오히려 불안과 자기 의심에 시달렸다. 마리나는 금융 기관의 고위급 간부로 승진했다. 능력을 발휘할 수 있는 좋은 기회였다. 그녀는 새로운 도전에 흥분했고 적극적으로 기회를 받아들였다. 한 사람에게는 스트레스가 되는 일이 다른 사람에게는 기쁨이 될 수도 있다.

나는 가끔씩 요양원 직원들에게 교육을 실시하는데, 그때 다루는 사안 중 하나가 바로 스트레스 관리다. 나는 두 가지를 강조한다. 스트레스가 몸과 마음에 해로운 영향을 끼친다는 것, 스스로 자신에게 유리한 대처 전략을 활용할 수 있다는 것이다. 만성 스트레스는 사실상 만병의 근원이라고 할 수 있다. 심장 질환, 과민성 대장 증후군, 만성 폐쇄성 폐 질환, 고혈압 같은 병을 일으키거나 악화시킨다. 통증이 심해지고 면역력이 약해지기도 한다. 정신적 압박이 지속되면 불안과 우울증, 무감각, 짜증, 지나친 걱정 등이 나타난다.

음주나 흡연, 과식 같은 행동상의 문제가 나타날 수도 있다. 우리는 힘든 상황에 놓였을 때 자신만의 대처법을 시도한다. 리처드 라자러스에 따르면 그중에는 스트레스를 유발하는 상황을 관리하려고 하거나(문제 집중적인 대처) 또는 상황을 받아들이는 태도를 관리하려고 하는 인지적·행동적 시도(감정 집중적인 대처)가 있다. 요양원의 돌봄 제공자는 힘든 상황을 바꾸고자 관리자에게 업무량을 줄여달라고 요청할 수 있다. 이것은 문제 집중적인 대처다. 그러나 내가 요양원 관계자들에게 알려주는 방법은 대부분 감정 집중적인 대처법이다. 그들이 내적인 괴로움을 줄이기 위해 시도할 수 있는 행동 대처 전략에는 감정 표현, 정서적 지원 찾기, 운동 요법, 휴식 요법 등이 있다. 특히 꾸준한 운동은 우울증을 줄이고 자존감을 높여준다고 밝혀졌다.[3] 나는 클리닉의 일반 환자들에게 운동을 권한다. 처음에 사람들은 신체 활동의 효과를 과소평가하지만 일주일에 3~5일 20분 이상씩만 가볍게 운동해도 개선 효과가 있다는 사실을 곧 알게 된다.

요양원의 돌봄 제공자들은 대부분 인지적 대처법에는 익숙하지 않다. 여기에는 상황의 재구성, 구획화, 선택적 주의, 긍정적 비교, 긍정적인 자기 대화 등이 있다. 이 모든 정신적 개입에는 자신의 생각을 능동적으로 제어하는 일이 포함된다. 그것이 가능하고 바람직하다는 사실을 아는 것이 첫 단계다.

스트레스 받는 상황을 재구성하는 인지적 대처법은 짜증 나는 상황을 새로운 맥락을 찾아서 이해하는 것을 말한다. 예를 들어 말이 거친 노인을 상대할 때는 넓은 마음으로 인내하거나 부정적인 말을 개인적으로 받아들이지 않는 연습을 할 수 있다.

구획화는 가정과 직장을 구분 지어 생각하는 과정을 말한다. 특히 직장에서 속상한 일이 생기면 가족 관계에도 영향을 미친다. 훈련을 통해 직장에서 일어난 일을 집에까지 가지고 가지 않도록 한다. 반대 방향에서의 구획화도 필요하다. 즉 집안에서의 문제를 직장까지 가져가는 것은 전문가답지 못하다. 한마디로 돌봄 제공자가 지난밤에 잠을 잘 잤는지, 아니면 아이가 아파서 밤새 깨어 있었는지를 환자가 알아챌 수 있어서는 안 된다.

선택적 주의는 부정적인 상황을 무시하는 연습을 말한다. 요양원에서 함께 일하는 동료 사이에 갈등이 있거나 환자와의 관계에 문제가 있다면 되도록 그들로부터 떨어져 있는 것이 현명하다. 상황을 피하는 것이 때로는 효과적인 대처법일 수도 있다.

긍정적인 비교는 직장의 장점을 강조하는 대처법을 말한다. 예를 들어 '직장과 거리가 가까워서 가족들과 더 많은 시간을 보낼 수 있어. 예전 직장은 출퇴근하는 데만 두 시간이 걸렸는데'라고 생각할 수 있다.

긍정적인 자기 대화란 속으로 자신에게 하는 말을 가리킨다. 물론 부정적인 생각이 떠오르는 것 자체를 막을 수는 없지만 그런 생각에 잠겨 있는 시간을 제어할 수는 있다. 나는 요양원 관계자들에게 부정적인 생각이 떠오르면 일단 정신을 차린 후 긍정적인 말로 대신하라고 조언한다. 예를 들어 하루 동안 힘든 일이 계속되면 '오늘 하루를 끝까지 어떻게 견디지'라는 생각이 들 수 있는데, 그 생각에 계속 빠져 있지 말고 '예전에도 힘든 날이 있었는데 잘 버텼잖아. 오늘 하루도 금방 지나갈 거야'라고 마음가짐을 바꾸는 것이 바람직하다.

끊임없이 사랑을 충전하라

스트레스 관리는 힘든 상황이나 그에 대한 정서적 반응을 다루는 것만이 전부는 아니다. 생활 관리도 중요하다. 나는 요양원에서 일하는 사람들에게 전반적인 삶의 질을 높이라고 조언한다. 개인적인 삶이 만족스러울수록 기분 상태도 좋을 것이고 스트레스에 더욱 신중하게 대처할 수 있기 때문이다. 전반적으로 만족스럽고 건강한 생활을 유지하기 위해서는 개인적 관심사와 취미에 시간을 투자하고 휴식과 명상, 종교 및 영성을 실천하는 방법 등이 있다. 또한 나는 요양원 관계자들에게 시간 관리 기술(우선순위 정하기, 합리적인 일정표 세우기), 집안 정리, 몸에 해로운 성분(카페인, 알코올, 설탕, 니코틴) 끊기 등에 대해서도 신경 쓰라고 조언한다.

돌봄 제공자들의 정서적 재충전과 관련 있는 마지막 요소는 바로 돌봄 서비스를 받아들이는 노인들의 태도다. 아무리 선한 의도로 활기차게 노인들을 보살피려고 해도 끊임없이 거절당하거나 불만이 쏟아진다면 연민의 감정이 차단될 수밖에 없다. 안타깝게도 요양원 거주자들 중에는 그렇게 대응하는 노인이 많다 보니 스트레스에 대처하는 것은 오로지 당사자들의 책임이 된다.

이 장에서는 요양원에서 거주자들과 돌봄 제공자 간에 긍정적인 관계를 형성하고 유지하기 위한 조건들을 살펴봤다. 여러 조건들이 있지만 무엇보다 중요한 것은 사랑과 연민으로 다른 사람을 돌보기 위해서는 먼저 자기 자신의 스트레스와 환경을 잘 관리해야 한다는 점이다. 이것은 요양원에서뿐만 아니라 모든 사람에게 적용되는 이야기다.

몸과 정신에 여유가 없는 부모가 아이를 따뜻한 사랑으로 잘 돌볼 수 있을까? 자기 건강도 좋지 못하고 가정 내의 여러 가지 문제로 머릿속이 복잡한 사람이 다른 사람을 돕겠다고 자선 단체 등에 나가서 긍정적인 마음으로 적극적으로 활동할 수 있을까? 다른 사람을 도와야 한다는 사명감 때문에 자신의 괴로움을 감추면서까지 행동한다면 그것이 제대로 된 사랑일까?

우리 안의 사랑은 무한하지만 때때로 충전이 필요하다. 가끔씩은 자신이 번아웃 상태인지 아닌지, 사랑이 고갈된 것은 아닌지 냉정하게 돌아보며 자신을 돌볼 필요도 있다. 그래야 다른 사람도 제대로 돕고 사랑할 수 있다.

•• Lesson 11

먼저 자기 자신을 잘 보살펴야
긍정적이고 무한한 사랑을 나눌 수 있다

+ **그 누구보다 자기 자신을 잘 보살펴야 한다.**
  누군가를 보살피기 위해서는 개인적인 욕구를 보류해야 한다는 사실을 인지해야 한다. 스트레스를 잘 관리해야 하며 번아웃 상태에 빠지지 않도록 스스로를 잘 보살핀다. 몸과 마음이 지쳐서 쉽게 짜증이 나고 스스로를 방치하며 예전에는 좋아했던 사람들과의 만남이나 활동을 피한다면 번아웃을 의심해야 한다.

+ **정서적 균형을 유지해야 한다.**
  사랑과 연민을 받는 양보다 내보내는 양이 더 많은 정서적 불균형 상태가 지속되면 스트레스가 심해져서 자신에게 해롭다. 자신에게 사랑과 즐거움이 지속적으로 공급되어야만 다른 이에게도 그것을 나눠줄 수 있다는 사실을 기억하라.

인생질문 12

—

—

—

주어진 환경에 얽매이지 않고 살아가려면?

:

브룩은 자신이 요양원에 있어야 한다는 사실을 인정하지 않았다.
그녀에게 요양원 생활을 받아들이는 것은 거짓에 항복하는
있을 수 없는 일일 뿐이었다. 그녀는 아들이 걱정하고 있다고 전하자
“난 집에 혼자 있어도 괜찮았어. 평생 내 힘으로 살아왔는걸.
다들 내 일에 상관하지 말았으면 좋겠어”라고 했다.
사실 그녀가 요양원에 있기 싫어 하는 이유는
가족과의 불화도, 요양원의 문제도 아니었다.
자신의 무능력을 받아들이고 싶지 않아서였다.
그것은 유쾌하지 못한 현실과 그녀 간의 갈등 문제였다.

용서와 수용 그리고 긍정적 태도

우리는 스스로를 주체적으로 행동하는 존재가 아닌 그저 환경에 반응하는 존재라고 생각한다. 그래서 몸과 마음을 다치면 피해자가 된 듯한 기분에 사로잡힌다. 이것은 결코 유쾌한 경험이 아니지만 놀라울 정도로 유혹적인 덫이다. 표면적으로는 원망을 듣지 않고 오히려 연민의 대상이 되니 좋아 보일 수도 있다. 그러나 자신을 피해자로 설정하면 치명적인 힘의 굴복이 이루어진다. 자신의 삶의 질에 대한 책임을 외부 요인에 돌릴수록 상황을 바꾸거나 내면의 정서적 환경을 조절하기 위해 스스로 할 일이 별로 없게 된다.

삶은 빠르고 강하게 앞으로 흘러간다. 자신의 감정과 삶이 전적으로 외부의 사건에 의해 결정되는 것처럼 보일 수도 있다. 이러한 태도로 살아간다면 일이 잘 풀릴 때는 행복할 것이다. 하지만 나쁜 상황이 벌어진다면? 그때는 영영 끝인 걸까? 그렇지는 않을 것이다. 살다 보면 언제든 나쁜 일이 일어날 수 있다. 삶이 완벽하고 모든 사람에게 인정받아야만 좋은 기분이 유지된다면 우리는 단 하루도 행복할 수 없을 것이다.

일반적으로 요양원에 거주하는 노인이 겪는 시련에 대해 생각해보자. 사람들이 요양원에 거주하게 되는 이유는 오로지 필요 때문이다. 신체적·정신적 기능이 쇠약해지거나 도와줄 사람이 없거나 집에서는 불가능한 서비스가 필요하기 때문에 요양원을 찾게 된 것이다. 만약 사람의 기분과 활기가 외부적 환경에 의해서만 결정된다면 요양원에 사는 사람들은 모두가 끔찍한 절망 상태에 놓여야 한다. 그렇지만 실제로 요양원에 거주하는 사람들이 전부 다 절망적이고 불행하고 우울증에 빠져 있지는 않다. 그럼 이 다행스러운 상황을 어떻게 설명해야 할까? 어쩌면 '세상에 대한 반응을 자기 스스로 결정하기 때문'이라는 뻔한 답으로 설명할 수 있겠다. 그들은 의식이나 반응을 제어하지 못하는 반사적인 존재가 아니다. 나는 요양원에서의 힘든 생활에 적응하는 데 영향을 미치는 몇 가지 중요한 특징을 발견했다. 바로 용서와 수용의 자세 그리고 긍정적인 태도다.

용서는 나를 위한 선택

용서는 누군가를 원망하는 마음을 거둠으로써 자신의 감정에 책임을 지고 행복에 대한 주도권을 되찾는 긍정적인 마음가짐이다. 타인에 대한 불만을 마음에 담아두고 끊임없이 복수를 꿈꾸며 사과나 보상을 요구하면 스트레스와 불행만 커진다. 다치거나 불쾌한 일을 겪었을 때 일어나는 감정은 오롯이 자신의 몫이다. 따라서 스스로의 감정을 제어할 수 있는 사람은 오직 자신뿐이며 슬픔이나 분노, 당혹감, 공포에서 오는 부정적인 감정을 긍정적인 감정으로 바꾸려고 노력해야 한다.

상처를 준 대상에 대한 원망을 거두면 상처로부터 벗어나고자 하는 행위에 주체성이 생긴다. 반면 오로지 누군가의 행동에 따라 만족감이 달라진다면 자신의 감정은 타인에 의해 좌우될 수밖에 없다. 상대방이 당신이 원하는 대로 행동하지 않으면 어찌할 것인가? 그렇다면 당신은 온전한 존재가 될 수 없는가? 그러면 타인에게 너무 큰 힘을 허락하는 셈이다. 나는 상담을 할 때 누구나 자기 자신조차 제어하기가 어려우므로 타인의 행동을 내 뜻대로 조종하려는 생각은 하지 말라고 조언한다.

브룩을 보면 용서하지 않을 때의 해로운 효과가 잘 드러난다. 그녀는 어느 날 나와 대화를 나누다가 분노에 사로잡혀서 소리쳤다. "그 의사하고 우리 오라버니하고 아들 녀석이 다 짜고 이러는 거야. 셋 다 아무짝에도 쓸모없어. 다 고소해버리고 가족들하고 의절할 거야. 날 요양원에 집어넣은 걸 용서하지 않을 거야."

아무리 꼭 필요한 일이라고 해도 요양원에서 생활하게 된 것은 기뻐할 만한 일이 아니다. 집을 떠나 낯선 시설의 생활에 적응하려면 시간이 걸린다. 하지만 유난히 수월하고 빠르게 적응하는 사람들이 있다. 내 경험상 대부분의 거주자가 1~2개월 안에 적응을 한다. 하지만 브룩은 요양원에 거주한 지 6주가 넘어가는데도 여전히 의사와 가족에 대한 분노를 터뜨렸고 그들을 미워하고 원망하는 마음이 조금도 줄어들지 않은 듯했다. 자신에게 잘못을 저질렀다고 생각되는 사람들을 미워하고 복수하고 싶은 생각에 사로잡혀 있다 보니 불행한 상태일 수밖에 없었다.

심리학자 프레드 러스킨(Fred Luskin)의 연구는 용서가 지닌 가치를 잘 보여준다.[1] 용서는 신체적·정서적·심리적·사회적 효과가 있다. 용서하는 사람은 건강 문제와 스트레스가 줄어든다. 기분 상태도 나아지고 자신감이 생기고 생각도 긍정적으로 바뀌며, 인간관계도 개선된다.

이처럼 용서는 여러모로 이로운데 왜 실천하는 것은 어렵기만 할까? 용서하면 스스로 약한 사람이 되거나 자신이 받은 고통이 과소평가될지도 모르고 가해자의 행동을 두둔하거나 책임을 면제해주는 것이 되리라는 두려움이 장애로 작용하기 때문이다. 특히 가해자가 죗값을 치르지 않게 될 거라는 두려움은 매우 강렬하다. 정당한 대가를 치르게 해주고 싶은 생각이 들겠지만 그러면 가해자에게로 끊임없이 신경이 집중될 뿐이다.

러스킨은 나쁜 일을 비인격화하기, 자신의 감정에 대해 책임지기, 회복 일지 쓰기가 용서의 열쇠라고 말한다. 용서는 자신과 자신의 회복을 위한 것이며 가해자와는 아무런 상관이 없다는 점을 잊지 말아야 한다.

수용은 항복이 아니라 긍정적 선택

수용은 삶의 유쾌하지 않은 현실을 담담하게 받아들이는 것이다. 부정적이지만 바꿀 수 없는 상황을 조용히 인정하는 것이다. 싸움에 필요한 에너지와 관심은 무한하게 공급되지 않는다. 소중한 정신 자원을 승산 없는 싸움에 낭비하는 것은 현명하지 못하며 불필요한 스트레스만 더한다. 그뿐만 아니라 부정적인 상황에만 집중하면 다른 것들을 즐길 수가 없다. 사람들은 왜 정신적으로도 힘들고 다른 곳에 사용할 수 있는 시간과 기운까지 빼앗겨가며 아무런 쓸모도 없는 일에 매달릴까? 이유는 분명하다. 고통스러운 현실을 받아들이는 것을 긍정적인 선택이 아니라 무조건적인 항복이라고 생각하기 때문이다.

브룩은 동시에 여러 가지 싸움을 하고 있었다. 가족이나 의사와의 갈등 말고도 자신이 요양원에 있어야 할 필요성을 인정하지 않고 있었다. 그녀에게 요양원 생활을 받아들이는 것은 거짓에 항복하는 있을 수 없는 일일 뿐이었다. 하지만 그녀가 요양원으로 보내진 이유는 혼자서는 일상생활을 할 능력이 없기 때문이었다. 아들은 그녀가 요양원에 오기 전까지 비참한 환경에서 생활을 했다고 전했다.

혼자 살던 브룩은 넘어져서 고관절이 골절되었다. 아들은 어머니가 우울증도 앓고 있었지만 치료를 받지 않았고 구제 불능 상태였다고 말했다. 도움을 주려고 해도 화를 내면서 거절했다. 집안은 너저분하고 청결하지 못했다. 아들은 어머니가 계속 혼자 집에서 생활하면 영양실조에 걸리고 여러모로 위험할까 봐 걱정했다. 그런데 내가 아들의 이런 마음을 전하자 그녀는 "난 집에 혼자 있어도 괜찮았어. 평생 내 힘으로 살아왔는걸. 다들 내 일에 상관하지 말았으면 좋겠어"라고 했다. 그녀가 요양원에 있기 싫어 하는 이유는 가족과의 불화도, 요양원과의 문제도 아니었다. 외부에 문제가 있어서가 아니라 자기 안의 문제, 즉 자신의 무능력을 받아들이고 싶지 않아서였다. 유쾌하지 못한 현실과 그녀 자신 간의 갈등이었다.

브룩의 말에서 그녀가 현실을 부정하고 있음을 알 수 있었다. 모든 상황을 자기 입장에서만 해석해 실제 일어나고 있는 상황을 객관적으로 바라보려 하지 않았다. 물론 모든 심리적 방어가 그러하듯 부정에도 긍정적인 면이 있다. 압도적이고 견디기 어려운 감정으로부터 보호해줄 수 있다는 점이다. 단기적으로만 보면 처음에는 인정하기 어려운 진실을 받아들일 시간을 주므로 유익하기까지 하다. 그러나 부정이 장기적인 대처 전략으로 활용되면 해롭다. 가슴에서 몽우리를 발견한 여성이 일주일 동안 떨린 마음을 진정시키고 병원에 간다고 해보자. 전혀 문제가 되지 않는다. 하지만 불안감을 차단하기 위해 그런 일이 있었다는 사실 자체를 아예 무시한다면 위험할 것이다.

그러나 아무런 행동을 취하지 않음으로써 위험을 자초하는 상황이 아니라면 적나라한 사실을 들이밀며 부정을 전면 공격하는 것도 바람직하지 않다. 예를 들어 넘어진 브룩이 병원에 가는 것을 거부했다면 그것은 심각한 안전 문제와 직결되므로 맞설 필요가 있었을 것이다. 하지만 그녀는 이미 안전한 요양원에 있으므로 그녀가 일상생활 수행 능력을 왜곡되게 평가한다고 해서 굳이 반박할 필요는 없었다. 부정은 다만 그녀가 능력 저하를 인정하지 않도록 막는 정도로만 영향을 주고 있었다. 따라서 나는 지금 상황에서는 그녀에게 반박하는 것을 미룸으로써 더 큰 정서적 위기를 막는 것이 최선이라고 생각했다. 아들이 이미 그녀에게 혼자 살 수 없음을 납득시키려고 했지만 더욱 관계가 멀어지고 적대심만 커지는 결과를 초래했으니 말이다.

태도가 인식을 좌우한다

태도는 부정적이건 긍정적이건 좋건 나쁘건 무언가 혹은 누군가에 대한 개인의 선택에 따라 드러나는 자세라고 할 수 있다. 이 단순한 판단이 개인의 기분 상태나 동기, 행동에 엄청난 영향을 미친다. 일반적으로 태도는 상황에 뒤따르는 것처럼 보인다. '상사한테 드디어 칭찬을 받았으니 오늘 내 태도는 긍정적이야'라거나 '카드 명세서가 왔는데 돈이 없어서 오늘의 태도는 부정적이야'라고 생각하는 식이다. 하지만 이런 생각에는 선택이 빠져 있다.

태도를 좌우하는 선택의 역할에 대해 가장 강력하고 설득력 있게 설명한 사람은 바로 정신의학자 빅토르 프랑클(Viktor Frankl)이다. 그는 제2차 세계대전 때 나치의 강제수용소에 갇혔는데 다른 죄수들을 관찰함으로써 인류 역사상 가장 끔찍한 상황에서조차 사람들의 반응이 획일적이지 않다는 사실을 발견했다. 개인마다 반응에 차이가 있었다. 개인의 태도가 외부적 상황에 전적으로 좌우되지 않는다는 증거였다. 프랑클은 죄수의 몸이어도 태도를 선택할 수 있는 자유가 있다고 결론지었다.[2] 잔혹한 환경에 굴복해 이기적이고 악랄하게 행동하는 죄수들도 있었다. 반면 인간성을 잃지 않고 같은 죄수들에게 친절과 배려를 보이는 이들도 있었다. 나치의 강제수용소에 갇힌 사람들이 긍정적인 태도를 선택할 수 있다면 이 세상 누구라도 같은 선택을 할 수 있을 것이다.

브룩의 세 번째 싸움은 바로 요양원과 관계자들, 다른 거주자들을 대하는 태도에 관한 것이었다. 처음에 그녀는 자신의 의지와 상관없이 갇혔다고 생각해서 요양원의 모든 것을 나쁘게 받아들였다. 그녀의 관점에서는 요양원에 있는 모두가 멍청하고 게으르고 신경에 거슬렸다. 그녀의 말을 빌리자면 악명 높은 앨커트래즈 교도소가 차라리 나을 정도였다. 이것이 바로 태도가 중요한 이유다. 태도는 인식을 좌우해 어떤 감정이나 행동을 불러일으킨다. 요양원에 대해 자기 마음속에서 이미 부정적인 판단을 내렸기에 브룩의 눈에는 다른 사람들의 친절한 행동마저도 삐딱하게 보일 수밖에 없었다. 어느 날 아침 그녀의 방에서 이야기를 나누고 있는데 요양 보호사가 간식을 주고 갔다. 그가 나간 후 브룩은 이렇게 투덜거렸다. "여기 사람들은 절대로 날 가만두지 않는다니까. 봤죠? 항상 저렇게 날 귀찮게 해."

그 누구의 탓도 아니다

브룩의 사례에서는 심리적 상해와 회복에 관한 몇 가지 중요한 핵심이 드러난다. 상처받거나 기분이 상하면 강렬한 감정을 느끼고 그것을 표현하게 된다. 이때의 마음 상태는 비이성적이다. 이성이 아니라 감정에 지배받기 때문이다. 흥분 상태에 놓인 사람을 설득하려고 하는 것은 효과적이지 못할 뿐만 아니라 심할 경우 최악의 감정에 이르게 만들 수도 있다. 이런 상태에 놓인 사람에게 필요한 것은 감정의 방출이다. 그런 후에야 이성적이고 논리적인 대화를 할 수 있다. 브룩의 짜증과 제어되지 않는 감정에 대해서는 우선 감정을 표출하도록 도와주고 공감을 표하며 지지해줘야 했다.

감정의 균형과 이성을 되찾아주는 것뿐만 아니라 가해자에게 잘못 쏠린 관심의 초점을 바로잡아줄 필요도 있었다. 현재의 손해나 고통을 초래한 사람이나 괴로운 현실로 주의가 향하는 것은 당연하다. 하지만 어느 시점에 이르면 역효과를 일으킨다. 가해자와 가해자의 행동, 받아들이기 어려운 진실에 몰두하면 할수록 무력감을 느끼고 앞으로 나가지 못한다. 또한 외부에만 초점을 맞추면 부정적인 태도가 자리를 잡게 된다. '그동안 이렇게 나쁜 일이 있었는데 어떻게 기분이 좋을 수 있겠어? 아무도 이런 내 태도를 탓할 순 없을 거야'라는 생각이 들 것이다. 브룩은 가족들과 의사를 벌하고 싶다는 생각에만 온통 정신이 사로잡혀 있었다. 몸이 쇠약해서 도움이 필요한데도 그 사실을 받아들이지 않으려고 했고 요양원을 감옥 같다고 생각했다.

하지만 일단 심리적으로 안정이 되자 브룩은 자신에게 벌어지고 있는 일들을 객관적으로 생각해볼 여유가 생겼다. 의사와 가족이 자신을 도와주기 위해 적극적이라는 사실을 고맙게 받아들이기로 했다. 그녀는 더 이상 혼자 힘으로 생활할 수 없고 도움이 필요하다는 사실을 인정했다. 약도 복용하고 요양원의 각종 프로그램에도 참여했다. 자기 자신, 자신이 원하는 것, 요양원에서 만족감을 얻을 수 있는 기회에 집중하자 적응에 큰 도움이 되었다.

삶에는 우리가 통제할 수 없는 일들이 많이 일어난다. 하지만 상황의 개선을 위해 우리가 선택할 수 있는 부분도 있다. 어떤 상황에 놓여 있든 자신에게 삶에 대한 권한을 부여하고 좀 더 행복하게 살기 원한다면 용서와 수용, 긍정적인 태도를 선택해야 한다.

•• Lesson 12

용서와 수용, 긍정적 태도는 삶에서 유일하게 선택할 수 있는 문제다

+ **살면서 상처입고 고통받는 일은 생길 수밖에 없다.**
  자신에게 해를 끼친 사람을 용서하고 인정하기 힘든 현실을 받아들이며 자신과 인생에 대해 긍정적인 태도를 갖는다면 치유의 길에 들어설 수 있다.

+ **외부의 요인이 아닌 자기 자신에게 집중하라.**
  만약 다른 운전자가 접촉 사고를 내고는 그냥 가버렸다고 하자. 뺑소니 사고라 누가 그랬는지도 알 수가 없다. 계속 그 자리에 서서 알지도 못하는 운전자에게 욕을 해야 할까? 아니면 다친 곳은 없는지 살펴보고 차를 점검한 후 필요한 곳에 연락을 하고 진정하려고 애쓰는 것이 나을까? 후자의 방법만이 현재 당신이 처한 상황을 해결해줄 수 있다. 며칠 혹은 몇 주씩 불행한 기분에 사로잡혀 있지 않도록 해야 한다. 당연히 사고 당시에는 분노와 충격을 느끼겠지만 그 이후의 행동은 스스로 선택할 수 있다. 자신이 무고한 피해자라는 사실을 받아들인 다음 부주의한 운전자를 용서하고 다시 긍정적인 태도를 취한다면 기분이 한결 나아질 것이다.

인생질문 13

—

—

—

왜 감정의 충동을 이기지 못하는 걸까?

:

윌리엄은 당장 요양원에서 나갈 경우 앞으로 생길 수 있는 위험을
예측해보라는 내 질문에 "없다"고 답했다.
집에서 한쪽 다리로만 생활해도 괜찮겠냐는 질문에는
"그건 집에 가서 걱정하겠다"고 했으며,
의사나 요양원의 관계자들이 빨리 퇴원하는 것을 반대하는
이유에 대해서는 "내가 오래 있을수록 돈이 되니까"라고 답했다.
감정이 극에 달하면 감정에 압도되어 결과는 깊이 생각해보지도 않고
곧바로 해소할 방법만을 찾으려고 한다.
그런 상황에서 중요한 것은 내면의 소용돌이를 가라앉히는 것이다.
지나치게 감정적인 상태에서는 판단력이 흐려진다.

인간은 누구나 쾌락에 이끌린다

정신분석학자 지그문트 프로이트(Sigmund Freud)가 처음으로 인간에게는 쾌락을 추구하고 고통을 피하려는 경향이 있다는 쾌락의 원칙을 설명한 이래 오늘날까지 심리학자들은 이것을 인간 행동의 기본적인 동기로 보고 있다. 예를 들어 감정에 관한 연구의 권위자 폴 에크먼(Paul Ekman)은 감정체계란 기본적으로 긍정적인 감정은 최대화하고 부정적인 감정은 최소화하는 행동으로 우리를 이끌어간다고 설명한다.[1] 요양원에서는 이 감정의 역학이 얼마나 강력한지를 매일 확인할 수 있다.

요양원에 거주하는 노인들은 몸도 아프고 집과 사랑하는 사람들로부터 떨어져 있다 보니 장기적인 결과에 대해 깊이 생각하지 않고 즉각적인 위안을 얻고자 충동적으로 행동하거나 결정을 내리곤 한다. 예를 들어 고관절 교체 수술 후에 받는 물리 치료가 통증을 유발해 치료를 받지 않으려는 환자가 있다고 하자. 이런 행동은 단기적으로는 통증을 피할 수 있지만 장기적으로는 치유 과정에 절대적으로 좋지 않은 영향을 끼친다. 감정과 충동은 행동의 원동력이지만 그것만 중요한 것은 아니다. 간단히 말하자면 마음은 감정과 욕구보다 훨씬 더 크다. 우리에게는 미래를 예측하고 비판적인 사고를 할 수 있는 멋진 능력이 있다. 신중히 판단하고 결정을 내리기 위해서는 수많은 정보를 동시에 저울질해야 한다. 거기에는 현재의 감정과 욕구, 장기적 목표, 계획 실행 능력, 시도에 대한 예측 결과 등 수없이 많은 변수가 포함된다. 오히려 감정에 거스르는 행동을 해야만 중요한 목표를 이룰 수 있다.

극한의 감정은 판단력을 흐려 놓는다

윌리엄이 요양원에서 마주한 시련은 쾌락 원칙의 존재와 영향을 잘 보여준다. 윌리엄은 오른쪽 다리에 수술을 받은 후 재활 치료를 위해 요양원의 회복기 재활 병동에 머물렀다. 그는 유난히 눈이 많이 내리고 추웠던 어느 겨울날, 길에서 미끄러져 넓적다리뼈가 부러졌다. 응급 수술을 받은 후에는 광범위한 재활 치료가 필수적이었다. 윌리엄은 처음 요양원에 왔을 때 수술받은 오른쪽 다리를 전혀 쓰지 못하는 상태였고 누워만 있는 병원 생활을 통해 건강이 크게 악화되어 있었다. 쇠약한 몸에 다리의 통증도 무척 심했다.

윌리엄은 재활 치료를 마치고 집으로 돌아갈 예정이었다. 82세의 그에게는 55년간 결혼 생활을 함께해온 아내 에디스가 있었다. 석사 학위까지 받았고 교육감으로 은퇴한 윌리엄은 여전히 예리한 지성의 소유자였지만 첫 면담에서 매우 감정적인 모습을 보였다. 어조가 격해지고 때로는 고함을 치기도 하며 집에 가고 싶은 간절한 마음을 드러냈다. 그는 경증 치매 진단을 받은 아내가 걱정된다고 했다. 부부가 한동안 고용해온 시간제 간병인이 에디스를 돌봐주고 있었다. 가까이 사는 두 딸도 도왔다. 윌리엄은 아내가 제대로 보살핌을 받고 있다고 믿으면서도 항상 자신이 옆에서 아내를 돌봐주었기에 하루빨리 집으로 돌아가고 싶은 마음이 간절했다. 그는 다리를 다치기 전에는 놀라울 정도로 독립적이었다. 운전과 쇼핑, 가정 경제 관리를 직접 했다. 요리와 세탁, 정원 관리는 시간제로 도움을 받았다. 윌리엄은 아내를 위해 간병인을 고용해야 하는 시간이 늘어난 데 따른 추가 비용, 딸들이 져야 하는 부담, 자신의 요양원비, 자신을 그리워하는 아내 등에 대해 걱정했다.

나는 재활 병동에 거주하는 사람들이 집으로 돌아가고 싶어 하는 강한 의지를 보이면 기분이 좋다. 그런 열정이 회복에 도움이 될 수 있기 때문이다. 반대로 둔감해지거나 의욕 상실을 보이면 걱정스럽다. 하지만 윌리엄의 경우에는 집으로 돌아가고자 하는 마음이 지나치게 강해서 재활 치료를 조기에 끝내버릴 수 있는 위험이 있었다. 눈물을 흘리며 괴로워하고 격해지는 모습에서 그가 극심한 감정의 동요를 겪고 있음을 알 수 있었다. 불면증 증세와 식욕 저하, 체중 감소를 보였고, 짜증까지 내며 물리 치료에 불성실하게 임했다. 윌리엄은 몇 번이나 모든 치료를 거부했고 외과의와 요양원 주치의, 돌봄 제공자들의 조언도 듣지 않고 계속 집으로 보내달라고만 요구했다.

감정이 극에 달하면 엄청난 불쾌감을 준다. 감정에 압도당하는 느낌이 들어서 결과에 대해 깊이 생각해보지도 않고 곧바로 해소할 방법만을 찾으려고 한다. 내 경험상 그런 상황에서 가장 우선순위는 내면의 소용돌이를 가라앉히는 것이다. 곧바로 행동을 취하려고 할 필요도 없다. 마음의 평정을 되찾으면 이성적인 대화가 가능해지고 좀 더 효과적인 문제 해결법이 나올 수 있다. 지나치게 감정적인 상태에서는 판단력도 흐려진다. 내 질문에 대한 윌리엄의 대답만 보아도 감정이 판단력을 해친다는 사실을 알 수 있다. 그는 당장 요양원에서 나갈 경우 앞으로 생길 수 있는 위험을 예측해보라는 말에 "없다"고 답했다. 집에서 한쪽 다리로만 생활해도 괜찮겠냐는 질문에는 "그건 집에 가서 걱정하겠다"고 했고 의사나 요양원의 관계자들이 빨리 퇴원하는 것을 반대하는 이유에 대해서는 "내가 오래 있을수록 돈이 되니까"라고 했다. 윌리엄의 대답은 감정에 휘둘릴 때의 얕고 근시안적이고 완강한 사고 과정을 고스란히 드러냈다.

감정과 이성 사이에서

감정은 생각과 동기, 행동에 영향을 미친다고 알려져 있다. 사람들은 되도록 예민함과 둔감함 사이에서 딱 중간 정도의 강도를 유지하고 싶어 한다. 감정이 지나치게 약하거나 강하면 신중한 판단에 필수적인 지적 정보처리가 제대로 이루어지지 않는다. 윌리엄은 감정의 균형을 되찾을 필요가 있었다. 생각이 너무 빠르게 전개되고 목표가 얕고 근시안적이었다. 결과야 어떻든 무조건 집으로 가야 한다는 것이었다. 그가 느끼는 감정은 여러 가지가 혼합되어 있었지만 가장 두

드러진 지속적인 감정은 불안이었다. 불안은 공포 반응이다. 윌리엄이 느끼는 불안은 주관적인 기준에서의 불편함과 초조함, 요양원 직원들에 대한 불신과 적대감, 방어적 태도 등이 원인이었다. 다행히 두 딸 모두 요양원을 일찍 나오는 것은 좋지 않은 결정이라고 생각해서 아버지를 설득할 수 있었다. 윌리엄은 딸들의 선의에 신뢰를 되찾았고 딸들이 아내를 편안하게 보살피며 집안일도 잘 처리해주고 있다는 사실에 감동을 받았다. 또한 그는 정신과 의사에게 검진을 받고 향정신성의약품을 복용한 덕분에 심적으로 진정되어 합리적인 대화를 할 수 있었고 치료에 대한 의지도 보였다.

윌리엄을 요양원에서 한시라도 빨리 나가지 않으면 안 되도록 만들었던 위협감은 사그라들었다. 그는 요양원 전문가들과 가족의 도움 덕분에 죄책감과 불안으로 인해 빨리 퇴원하고자 하는 마음을 떨쳐버릴 수 있었다. 몸이 완전히 회복되려면 괴로움을 견딜 필요가 있다는 사실도 깨달았다. 하지만 적극적으로 물리 치료를 받으면서 어쩔 수 없이 통증과 불편함을 겪을 수밖에 없었다. 결국 재활 치료 시간이 다가올 때마다 엄청난 불안에 시달려 또 다시 의욕이 사그라들 위기에 처했다. 나는 그가 두려움에 대처할 수 있도록 심리 치료를 시도했다. 윌리엄이 큰 목표에 집중하도록 도와주기 위함이었다. 두려움이 고통에 대한 자연스러운 반응임을 알되 고통을 유발하는 상황을 피하려는 자동적인 반응에 굴복하지 않도록 말이다. 나는 윌리엄에게 감정이 아니라 이성을 통해 목표를 정할 필요가 있다는 이야기를 반복적으로 강조해 들려주었다.

최악의 타이밍

기분이 상했을 때는 어떤 행동을 취하고자 하는 충동이 강렬해진다. 일반적으로 정신 건강 전문가들이 상담 치료를 처음 받기 시작한 환자에게 이혼이나 취직, 이직, 이사 같은 중대한 결정을 하기까지 6~12개월 정도 시간을 가지라고 하는 데는 이유가 있다. 강렬한 감정에 휩싸인 상태에서 중대한 결정을 내리는 것은 바람직하지 않기 때문이다. 이 법칙에 예외가 있다면 즉각적인 위험에 처했을 때뿐이다. 예를 들어 배우자의 학대로 상담 치료를 받으러 온 여성에게 남편으로부터 벗어날지 말지를 6~12개월 동안 기다렸다가 결정하라는 것은 대단히 위험할 수 있다.

최근에 클리닉을 찾은 청년 조셉은 감정이 행동을 부추겨도 참고 기다리는 것이 지혜롭다는 사실을 보여주는 사례다. 대학교 2학년 과정을 마친 그는 심각한 곤란에 처했다. 대학교에 입학한 후 2년 동안은 비교적 수월하게 지나갔다. 그런데 최근에 오랫동안 사귄 여자 친구와 이별을 했다. 조셉은 술을 마시기 시작했고 마리화나를 심하게 피워댔으며 두 과목에서 낙제를 했고 (함께 살고 있는) 부모와도 갈등의 골이 깊어졌다. 게다가 공황 상태에 시달렸고 잠도 제대로 자지 못했다. 그래서 조셉은 해결책으로 자신의 인생에 중대한 변화를 주려했다. 부모님이 지원해준 학비를 낭비한 데 따른 죄책감이 들었고 가을 학기에 학교로 돌아가는 것도 불안해서 자퇴를 하려는 것이었다. 또 부모와 관계가 좋지 않으니 대학 근처에 있는 친구의 아파트에 들어가서 살려고 했다. 반면 알코올과 마리화나에 대해서는 문제가 되지 않는다고 생각했다. 오히려 약물이 위기 대처에 도움이 된다고 여겼다.

내가 조셉에게 가장 먼저 해준 조언은 윌리엄에게 해준 것과 같았다. 우선 진정하라는 것이었다. 삶에 변화를 주는 것이 최선일 수도 있지만 당시로서는 알 수 없었다. 조셉은 먼저 자신의 감정을 다스린 후에 좀 더 신중하고 체계적으로 상황을 평가해 의사 결정을 할 필요가 있었다.

중요한 결정은 언제 내리는 게 좋을까? 당연히 최악의 타이밍은 기분이 좋지 않을 때다. 비록 올바른 생각은 아니지만 괴로울 때일수록 큰 변화를 주고 싶은 마음도 이해는 할 수 있다. 실제로 윌리엄과 조셉은 이렇게 말했다. "지금 삶이 너무 괴로워요. 나를 괴롭게 하는 것들을 바꾼다면 이 고통에서 빨리 벗어날 수 있을 거예요. 지금 이 순간에는 오로지 그것만이 중요합니다." 하지만 위기 상황에서는 곧바로 행동을 취하고 싶은 충동을 물리치고 마음을 가라앉혀 객관적으로 조언을 해줄 만한 사람에게 도움을 구하는 것이 바람직하다. 살다 보면 누구나 괴로운 일을 겪고 목표로부터 멀어진다. 그때 가장 먼저 할 일은 마음의 평정을 되찾는 것임을 잊지 말아야 한다.

급할수록 먼저 마음의 소용돌이를 가라앉혀야 한다

+ **위기 상황일 때는 지적 기능과 판단력이 최악의 상태가 된다.**

  위기 상황이거나 감정이 격해질수록 급하게 행동하려는 경향이 있다는 사실을 인지하라. 이성적인 판단 없이 무턱대고 행동하고 싶은 충동을 물리쳐야 한다.

+ **가장 감정적인 순간은 중요한 결정을 내리기에는 최악의 타이밍이다.**

  행동을 취하거나 결정을 내리기 전에 먼저 감정을 제어할 필요가 있다. 예를 들어 이미 버거운 상황에서 상사가 더 많은 업무를 준다면 새로운 책임을 맡기가 두려울 것이다. 이때 두려움에서 비롯되는 즉각적인 반응은 주택 대출금이나 자동차 할부금은 나중에 고민하고 당장 직장을 그만두는 것이다. 그러나 일단 마음을 가라앉히면 상황을 논리적으로 파악하고 더 나은 대안을 찾을 수 있다.

+ **자기 힘만으로 감정을 조절하기 어렵다면 주변의 도움을 받을 수 있다.**

  감정은 불안하거나 불편하거나 압도당하는 듯한 주관적인 감각을 통해 우리를 이기려고 한다. 감정이 격해지면 짜증 상태가 된다. 평소에 진정할 필요가 있다고 판단되면 언제든 말해달라고 친구나 지인에게 부탁해둘 수도 있다.

인생질문 14

—

—

—

즐겁게 살기 위해 가장 필요한 것은 무엇일까?

⋮

앨버트는 혼자 설 수 없었고 몸의 왼쪽에도 마비가 왔다.
아직까지는 움직일 수 있고 감각도 있지만 힘이 약해져
마음대로 제어할 수 없고 쉽게 피로를 느꼈다.
그는 예전의 생활을 되찾기 위해 재활에 전력을 쏟았다.
그런데도 몸이 말을 듣지 않자 결국 분노를 터뜨렸다.
강인한 의지로 아무리 노력해도 회복에 속도가 붙지 않았다.
몸과 마음이 따로 놀았다.
자신이 더 이상 몸의 주인이 아님을 깨닫자 너무도 고통스러워했다.

몸과 마음은 하나가 아니다

우리는 극한의 상황에 몰려서 안주하고 있던 현실에서 깨어나지 않는 한 모든 일을 있는 그대로 받아들이고 만족하는 경향이 있다. 몸과 마음은 워낙 긴밀하게 연결되어 있어서 마치 하나로 움직이는 것처럼 보인다. 그렇기에 뭔가가 어긋나기 전까지는 몸과 마음의 관계에 대해 깊이 생각해보는 사람은 소수에 불과하다. 나는 요양원에서 재활 치료를 받는 사람들을 볼 때마다 신체적 장애로 인해 고장난 몸은 인간의 의지로도 어쩔 수 없음을 깨닫는다. 몸과 마음이 분리되어 있다는 사실을 처음 깨달은 사람들은 겸허해지고 큰 충격을 받기도 한다.

뇌 안에 존재하는 듯한 비물질적인 정신이 어떻게 물질적인 몸을 움직이고 통제할 수 있을까? 이것은 삶에서 가장 어려운 질문 중 하나다. 나는 그 답을 알지 못한다. 정신이나 영혼의 존재는 정말로 몸과 떨어져 있는가, 아니면 일부 신경학자들의 주장처럼 잘못된 인식 혹은 뇌의 속임수인가? 내가 이 질문들에 대해 확실하게 할 수 있는 말은 모두 요양원에서 관찰한 결과에 따른 것이다. 요양원의 거주자들은 마음과 몸, 정신 세계와 육체가 분리되어 있다고 느끼는 듯하지만 그러면서도 대개는 경악하고 두려워한다. 심신의 분리가 사실인지 환상인지는 철학자들이 토론해야 할 주제다. 나는 요양원에 거주하는 노인들을 관찰하면서 그들의 관점으로 육체를 바라보게 되었다. 육체는 인식과 쾌락의 등록처이며 의지의 실행자이며 물질적 구현이자 창조자의 선물이라고 말이다.

나는 스스로를 돌보는 문제를 약간은 다른 시각에서 바라보고자 한다. 도덕적이거나 철학적이라고 볼 수 있는데 나는 철학자도, 신학자도 아니기에 기존 철학에서 지나치게 멀리 방향을 틀고 싶지는 않다. 내 목표는 단순하다. 몸에 대한 애정 가득한 태도를 발전시켜서 스스로 자신을 극진하게 돌볼 수 있게 만드는 것이다.

내 몸의 주인은 누구일까?

내가 방으로 들어갔을 때 앨버트는 울고 있었다. 첫 면담이 아니었기 때문에 우리는 이미 서로 익숙한 관계였다. 나를 보자마자 앨버트가 소리쳤다. "이 망할 놈의 손과 다리가 왜 말을 듣지 않는지 모르겠어! 젠장!" 분노는 슬픔으로 바뀌었다. 그가 느끼는 배신감은 이해할 만했다. 원래 손과 발을 비롯한 모든 신체 부위는 우리가 의도하는 대로 움직이도록 되어 있으니까 말이다.

몸이 우리가 의도하는 대로 움직이지 않는다고 생각하는 사람이 있을까? 병이나 상해로 인해 몸이 마음대로 움직이지 않거나 개인적으로나 업무 때문에 그런 사람들을 곁에서 보는 사람들뿐일 것이다. 일반적으로 우리는 몸을 자기 의지대로 움직일 수 있다고 생각한다.

앨버트 또한 몸이 말을 듣지 않게 될 줄은 몰랐다.

배관공으로 일하다 은퇴한 74세의 앨버트는 뇌졸중을 일으키기 전까지만 해도 무척 활동적이고 독립적이었다. 운전과 쇼핑도 직접 하고 추위가 혹독한 겨울을 제외하고는 세 계절 내내 골프를 쳤다. 또한 46년간 결혼생활을 함께해온 아내 조앤과 정원 일, 산책, 등산을 즐겼고 자녀와 손주들을 자주 방문했다. 형식적으로는 일선에서 물러났지만 아직 사업자 자격증이 유효해서 가끔씩 배관 일을 하기도 했다. 그는 평생 두 손으로 가족들을 부양했다. 노년에도 가끔씩 일하면서 자신의 지식과 기술이 아직 쓸 만하고 사람들에게 인정받는다는 사실에서 보람을 느꼈다. 대화에서 앨버트는 자신이 운영하던 배관업체의 규모에 자부심을 드러냈다. 가지고 있는 트럭이 네 대에 직원도 여러 명이었다. 일반 가정은 물론 사무실과 아파트 업체가 그의 고객이었다. 앨버트는 성실 근면했고 일에서 느끼는 성취감과 경제적 보상도 만족스러웠다. 가족에게 안락한 생활을 제공했고 세 자녀를 모두 대학에 보냈다. 모두가 솜씨 좋은 손과 튼튼한 허리, 강인한 의지로 이뤄낸 일이었다.

그런데 현재의 앨버트는 혼자 설 수 없고 왼손도 자유자재로 쓰지 못하는 상태였다. 뇌졸중으로 편측마비가 발생해 몸의 왼쪽이 전부 약해졌기 때문이다. 아직 움직일 수 있고 감각도 있지만 힘이 들어가지 않아 마음대로 제어하기 어렵고 쉽게 피로를 느꼈다. 앨버트는 평소에도 자주 피로함을 느끼고 물리 치료와 작업 치료를 받고 나면 기진맥진이 된다고 털어놓았다. 그는 재활에 전력을 쏟았다. 예전의 생활을 되찾겠다는 의지가 대단했다. 그런데 어떻게 해도 몸이 말을 듣지 않았고, 그 사실이 결국 그를 분노하게 만들었다. 강인한 의지로 아무리 노력해도 회복에 속도가 붙지 않았다. 몸과 마음이 따로 놀았다. 자신이 더 이상 자기 몸의 절대적인 주인이 아니라는 사실이 너무도 고통스러웠다.

앨버트의 몸에 대한 주도권은 과연 누구에게 있을까? 자연의 섭리가 그와 함께하는 것이었다. 앨버트에게는 회복 과정에 대한 통제권이 어느 정도 남아 있었다. 그는 충분한 휴식을 취하고 올바른 식단을 유지하고 열심히 치료를 받는 등 치유에 도움이 될 만한 일을 계속할 생각이었다. 하지만 나머지는 자연의 힘에 달린 것이었다. 몸이 손상되면 더 이상은 내가 주인 역할을 할 수 없다. 내키지 않더라도 몸을 만든 것은 자기 자신이 아님을 인정해야만 한다. 나는 그저 사용자일 뿐이다.

몸은 육체적인 쾌락과 안식을 위한 도구

나는 요양원에서 지내며 우리의 몸은 그저 빌려온 것일지도 모른다는 놀라운 사실을 발견했다. 몸이 전적으로 자기 소유가 아니라 신과 자연 혹은 우주의 근원에 속한다고 생각하면 겸허해진다. 이것은 자아도취적인 기준으로는 받아들이기 힘든 관점이겠지만 자신을 정성스럽게 돌보게 만드는 동기를 부여한다. 내가 요양원에서 만나는 사람들 대부분이 자신이 심각하게 아프거나 기능 장애 상태라는 사실에 놀라움을 표현한다. "어떻게 내가 이렇게 될 수 있지?"라고 반문하는 것이다. 하지만 냉정하게 보자면 그런 일은 누구에게나 일어날 수 있다. 이 세상을 살아가는 사람들과 동물들 모두가 언젠가는 병에 걸리고 또 죽을 테니까.

몸과 마음의 관계는 몸의 기능에 대해 배워가는 어린아이나 병 또는 상해로 재활 훈련을 하는 사람에게서 분명하게 드러난다. 어린아이는 손가락을 마음대로 움직이고 물건도 잡을 수 있다는 사실을 신기해하며 일어서기와 걷기, 발차기 등의 동작을 한 가지씩 익혀간다. 요양원의 거주자들은 물리 치료와 작업 치료를 받을 때 몸과 마음의 흐트러진 연결 고리를 다시 설정하고자 힘겹게 노력한다. 그들은 몸과 마음이 긴밀한 관계를 맺고 있다는 사실에 너무도 오랫동안 익숙해진 나머지 둘이 별개라는 사실을 곧잘 잊어버리고 만다. 어린아이가 몸에 대해 알아가면서 행복해하고 신기해하는 것과 달리 노인은 몸이 뜻대로 반응하지 않아 좌절과 실망, 슬픔, 분노 같은 부정적인 감정을 느끼고 영영 회복되지 않을까 봐 두려워한다.

몸은 마음을 물질 세계와 연결하고 육체적 쾌락을 받아주는 역할을 한다고 볼 수 있다. 감각기관은 환경으로부터 자극을 받아들인다. 즐거움을 느낄 수 있는 기회가 무수히 널려 있다. 음악, 부드러운 감촉, 시각적인 아름다움, 맛있는 음식, 기분 좋은 냄새 등을 감각을 통해 즐길 수 있다. 건강한 몸은 조율이 잘된 쾌락의 도구 역할을 할 수 있다. 하지만 상태가 좋지 않으면 기쁨의 원천이 사라진다.

더글러스가 처한 힘든 상황을 살펴보자. 더글러스는 오랫동안 흡연을 했고 나와 만나기 몇 해 전에 만성 폐쇄성 폐 질환 진단을 받았다. 그는 가쁘게 숨을 몰아쉬면서 속삭이듯이 말했는데 그때마다 무척 힘들어했고 사람들도 제대로 그의 말을 알아들을 수 없었다. 어느 날 아침에 찾아갔더니 요양 보호사가 그의 몸을 단장해주고 휠체어에 타는 것을 도와주고 있었다. 만성 폐쇄성 폐 질환 환자에 대해 잘 모른다면 물 밖으로 나온 물고기를 상상해보면 된다. 더글러스는 호흡하기 힘겨워하며 불편하고 불안한 기색이 역력했다. 아침 9시 15분밖에 되지 않았는데 낮잠을 자야겠다고 했다. 아침에 일어나 식사를 하고 단장을 하고 옷을 입는 것만으로도 이미 지쳐버린 것이었다. 결국 그날은 치료를 일찍 끝내야 했다. 더글러스가 유난히 숨 쉬기를 힘겨워 해서 나도 계속하기가 불편했기 때문이었다. 호흡이 한결 편해져서 대화가 순조롭게 이어지는 날도 있지만 그렇게 힘든 날이 더 많았다.

더글러스는 지금 삶의 즐거움을 느낄 수 있을까? 전혀 그렇지 못할 것이다. 그는 호흡 곤란 때문에 음식을 먹는 것도 고역이라고 했다. 더글러스 같은 폐 질환 환자나 흡연자들에게만 해당하는 이야기가 아니다. 몸을 손상시키는 모든 질환이 마찬가지다. 몸이 아프면 삶의 즐거움도 줄어든다.

몸은 활동 수단이다. 활동은 만족을 선사하며 또 다른 쾌락의 원천이다. 몸은 기계와 마찬가지로 유지 보수가 잘돼야만 기운차게 돌아간다. 즐거움과 행복을 극대화하려면 몸을 최적의 상태로 만들기 위해 노력해야 한다. 몸을 많이 활용할수록 즐거움의 기회도 많아진다.

비비안은 나와 대화할 때마다 안심하려는 듯이 내 손을 꼭 잡았다. 대부분의 노인이 그렇듯이 그녀는 시력 감퇴로 눈이 어두웠으며 불안하고 초조해하는 모습을 보였다. 내 목소리를 알아듣기는 했지만 신체적 접촉을 통해 안심하고 싶어 했다. 어느 날 그녀는 TV 유명 요리 프로그램에서 흘러나오는 소리를 듣고 있다가 "저 여자는 요리를 제대로 할 줄 몰라. 어떻게 자기 이름을 딴 TV 프로그램을 맡게 됐는지 모르겠다니까"라고 했다. 우리의 대화는 자연스럽게 그녀의 요리에 대한 애정과 요리를 하지 못하는 데 대한 아쉬움으로 넘어갔다. "남편이 살아 있고 자식들하고 다 같이 살 때는 매일 저녁 요리를 했어. 자식들이 독립한 후에도 남편과 나를 위해서 계속 요리를 했지. 일요일 저녁에는 음식을 푸짐하게 차리고 사람들을 불렀어. 요즘 사람들처럼 외식을 자주 하지 않았거든. 집에서 더 맛있게 만들 수 있는데 뭐하러 돈을 쓰겠어?" 비비안은 요리 실력에 대한 자부심도 드러냈다. "난 빵도 굽고 케이크도 만들었어. 요즘은 케이크가 필요하면 그냥 제과점에서 사지만 내가 보기엔 전부 불량 식품이야." 요리를 사랑하는 사람들이 으레 그렇듯이 그녀는 자신이 만든 음식을 많이 먹었던 것 같다. 비만과 고혈압, 고콜레스테롤 진단을 받았다. 모두가 시력을 감퇴시키는 위험한 요인이다.

비비안이 그리워하는 것은 요리뿐만이 아니었다. 카드놀이, 쇼핑, 빙고 게임은 그녀가 좋아하던 취미였다. 하지만 그녀가 무엇보다 가장 그리워하는 것은 바로 자수(刺繡)였다. "손주들이 태어날 때마다 직접 만든 퀼트를 선물했어. 지금도 하고 싶은 게 있다면 바로 자수야. 왜 신은 내게서 자수를 빼앗아갔을까? 다른 것이라면 전부 포기할 수 있는데."

비만이 비비안의 시력 감퇴에 정확히 어떤 영향을 끼쳤는지는 알 수 없지만 확실한 것은 시력이 나빠짐에 따라 삶의 즐거움이 줄었다는 사실이다.

몸을 통해 내보내는 마음의 메시지

몸은 마음이 물리적으로 표현된 것이라고 볼 수 있다. 걷고 말하고 숨 쉬는 행동 하나하나에서 우리의 정신이나 본질이 드러난다. 사람은 자세, 움직임, 어조, 차림새 등을 통해 가장 쉽고 눈에 잘 보이는 방법으로 자신을 드러낸다. 이러한 신체적 표현은 세상에 어떤 메시지를 보내는가? 자기애와 자존감, 자부심이 드러나는가? 우리는 말로 자신을 표현하는 것처럼 몸을 통해서도 소통한다. 만성 스트레스 같은 해로운 정신 상태가 몸에 병을 일으킨다는 것은 증명된 사실이다. 그렇다면 다른 마음 상태 또한 몸을 통해 드러나지 않을까? 자신의 몸이 세상에 어떤 메시지를 보내는지 솔직하게 평가해본 적이 있는가? 만약 그 메시지가 만족스럽다면 다행이지만 불편하게 느껴진다면 마음가짐이나 외적 표현을 바꾸는 방법을 고려해야 할 것이다.

몸은 정신세계를 어디로든 데려가주는 훌륭한 수단이지만 올바른 관리가 필요하다. 성인이 된 기념으로 멋진 자동차를 선물 받았다고 치자. 험하게 다루면 성능이 떨어지고 결국 고장 날 것이다. 결과적으로 기쁨은 줄고 실망과 불편함, 비용 부담이 늘어난다. 망가진 자동차가 사람들의 눈에는 어떻게 보이겠는가? 또 당신에게는 어떻게 보일까? 멋진 선물을 준 사람에게는 또 어떻게 보일까?

자동차는 얼마든지 교체할 수 있지만 우리 몸은 평생 하나뿐이라 더욱 잘 관리해야만 한다. 종교에서는 몸을 학대하거나 파괴하는 행위를 죄로 본다. 그것은 곧 몸을 선물해준 신을 함부로 대하는 일이 되기 때문이다. 종교에 상관없이 당신은 몸을 소중한 선물로 보는가? 선물에 감사하는 마음이 우러나오게 행동하는가?

몸에 생길 수 있는 해로움을 예측하거나 막을 수 없다고 노력의 의무도 사라지는 것은 아니다. 누구에게나 자신의 몸을 아끼고 돌봐야 할 의무가 있다.

이 장에서는 몸과 마음은 하나가 아니고 자기 몸은 자기 것이 아니며 그렇기에 더더욱 잘 돌봐야 한다는 이야기를 했다. 몸에 좋은 영양분을 섭취하고 적절하게 운동하고, 스트레스를 잘 관리하는 것만으로도 우리는 우리에게 즐거움을 선사하는 몸이 최고의 성능을 발휘할 수 있도록 할 수 있다. 몸이 아프면 삶의 즐거움이 급격하게 줄어든다. 질병과 사고에 따른 장애는 어쩔 수 없겠지만 자신의 게으름이나 무관심으로 삶의 큰 즐거움을 잃는 일은 없어야 하지 않을까?

건강 관리야말로 즐거운 삶을 위한 필수조건이다

+ **좋은 몸 상태를 유지하도록 노력해야 한다.**

자신이 원하는 감각적 즐거움을 모두 떠올려보자. 좋아하는 활동에 대해 생각해보자. 그것들을 계속 즐기고자 하는 마음을 긍정적인 동기로 삼아 좋은 몸 상태를 유지하도록 노력한다. 예를 들어 예술 작품 감상을 좋아한다고 치자. 당뇨 관리에 신경 쓰라는 의사의 권고를 무시해 시력이 저하되면 그 즐거움이 사라진다. 오랜 흡연으로 심장 및 호흡기 질환이 발생해 좋아하는 활동을 즐기지 못하게 된다면 끔찍할 것이다. 건강한 몸은 만족스러운 삶을 위해 매우 중요하다.

+ **몸이 보내는 메시지에 집중해야 한다.**

현재 모습이 자신의 본모습과 어울리지 않는다고 생각되면 자신이 무엇을 원하는지 깊이 생각해본 다음 변화를 위해 노력한다. 자신을 가꾸면 자존감은 물론 전반적인 삶의 태도에도 놀라운 변화가 생긴다. 자신을 존중하는 모습은 타인에게도 긍정적으로 받아들여져 외부의 평가도 좋아진다. 몸은 선물이다. 그 선물을 제대로 관리하면 또 다른 선물이 주어질 것이다.

인생질문 15

—

—

—

존중받는 사람이 되려면 어떻게 해야 할까?

•
•

조이스는 언제나 상냥한 말투로 내게 언제 또 올지를 묻고

“잘 지내요. 언제든지 와요”라고 기분 좋은 인사를 건넸다.

그녀와 함께하는 물리적인 시간은

요양원의 다른 거주자들과 거의 비슷했다.

그녀 역시 대화를 나눌 때는 불평이나 부정적인 감정을 많이 쏟아냈다.

그러니 당연히 그녀와 함께하는 시간이 행복한 시간만은 아니었다.

하지만 그 시간의 처음과 끝에 항상 ‘반가움’이 있었기에

조이스를 보살피는 일은 항상 즐거웠다.

사랑을 받아들이는 태도가 중요하다

소리 내어 말하기는 싫지만 그래도 해야겠다. 당신의 대변에서는 냄새가 난다! 나는 물론이고 세상 모든 사람의 대변은 더럽다. 그래서 누구나 대변을 치우기 싫어한다. 그렇지만 부모님은 우리가 어렸을 때 사랑과 의무로 그것들을 다 치워주셨다. 사랑이 배설물에 대한 본능적인 혐오감을 중화시켜준 것이다. 그런데 이 문제는 노년에 다시 한 번 등장한다. 노년이 되면 장이 제어 능력을 잃는 경우가 많아진다. 그래서 누군가는 그 문제를 해결해줘야 하는데, 대개 그 일은 노인을 돌보는 사람의 몫이 된다. 그러니 이런 상황에 놓이게 된다면 그들에게 사랑과 고마운 마음을 적극적으로 표현하는 것이 바람직하지 않을까?

요양원에서 발견한 보편적인 관계 역학이 하나 있다. 거주자들은 다른 사람이 음식을 먹여주거나 기저귀를 갈아주거나 목욕을 시켜주는 등 개인적인 서비스를 받아야 하는 상황에 놓인 데 대해 당혹감과 죄책감 그리고 분노가 뒤섞인 감정을 느낀다. 그래서 서비스를 제공하는 사람의 태도와 행동에 매우 민감해진다. 만약 그들이 조금이라도 부정적인 감정을 드러내면 곧바로 상처를 받거나 불쾌함을 느끼고 감정이 상한다. 돌봄 제공자는 보수를 받고 일하는 전문가이므로 당연히 돌봄을 받는 사람의 감정에 대해서도 최대한 세심한 관심을 기울여야만 한다는 생각은 우선 제쳐놓자. 결론부터 얘기하자면, 도움을 받을 때는 받는 쪽이 사랑스러운 사람일수록 유리하다는 것을 명심해야 한다. 아기는 보호자가 돌봐줄 때 본능적으로 긍정적인 반응을 보인다. 이것은 보호자의 행동을 자연스럽게 강화해주는 역할을 한다. 반면, 배앓이하는 아기는 상대적으로 다루기가 어려운데 쉽게 그치지 않는 울음 때문에 보호자가 무력감과 서운함을 넘어 분노를 느끼기 때문이다.

나는 애완견 테디를 대할 때도 이 원칙의 중요성을 느낀다. 일로만 따지자면 우리의 관계는 일방적이다. 테디는 나를 위해 하는 일이 없기 때문이다! 하지만 나는 비가 오나 눈이 오나 맑은 날이나 매일 녀석을 산책시켜준다. 먹을 것도 챙겨주고 목욕도 시키고 사료비와 장난감 비용, 병원비도 낸다. 하지만 테디는 잔디도 깎지 않고 설거지도 하지 않고 전화도 받지 않고 공과금도 내지 않는다. 그런데도 나는 녀석을 사랑한다. 우리가 이런 관계를 유지할 수 있는 건 왜일까? 그건 녀석이 내게 일방적으로 의존하는 것에 대해 내면적 갈등을 겪지 않기 때문이다. 그저 언제든 나를 보거나 함께 시간을 보내면 한없이 기뻐할 뿐이다. 한마디로 무척 사랑스럽다.

따뜻한 감사의 표현을 전하라

애완견으로부터 인간관계에 대한 교훈을 얻었다는 것을 불편해할 사람도 있겠지만, 내가 생각하기에는 적절한 것 같다. 돌봄 제공자에게 사랑과 감사와 긍정적인 태도를 보일수록 그는 기분이 좋아져서 더욱 정성껏 돌봐주게 된다. 잘 받아들이는 것이 중요하다는 뜻이다.

버지니아 주 토박이인 조이스는 이 원칙을 자연스럽게 알고 실천하는 듯했다. 자녀가 없는 84세의 미망인인 그녀는 남부 사람 특유의 매력을 갖춘 여성이었다. 상냥한 성격으로 누구에게나 웃는 얼굴로 인사했고 돌봄 제공자들에게도 다정한 호칭을 사용했다. 하지만 조이스도 요양원의 다른 거주자들처럼 많은 불평을 털어놓았다. 식사와 TV 서비스, 여러 프로그램, 룸메이트 등에 대한 불만족을 종종 드러냈다. 그녀는 혼자서 활동하기 어려웠고 쇠약했지만 함께 시간을 보내기에는 편안한 상대였다. 상담 치료 중에 감정이 상해서 이의를 제기하거나 울기도 했지만 그런 일이 있은 후에도 언제나 상냥한 말투로 내게 언제 또 올지를 묻고 "잘 지내요. 언제든지 와요"라고 기분 좋은 인사를 건넸다.

그런 그녀를 보살펴주는 일이 어떻게 즐겁지 않을 수 있을까? 그녀와 함께하는 물리적인 시간은 요양원의 다른 거주자들과 거의 비슷했다. 그녀 역시 불평이나 부정적인 감정을 많이 쏟아냈다. 그러니 당연히 그녀와 함께하는 시간이 행복한 시간만은 아니었다. 하지만 그녀는 항상 나를 반갑게 맞아주었고 헤어질 때도 따뜻함과 감사가 담긴 인사를 건넸다. 함께하는 시간의 처음과 끝에 항상 '반가움'이 있었기에 나는 조이스를 보살피는 일이 즐거웠다. 경험에 따르면 요양원에서 일하는 사람들은 대부분 거주자들에게 좋은 서비스를 제공하고 싶어 한다. 그들은 거주자들이 자신을 따뜻하고 배려 깊은 사람으로 느끼기를 바라고 또 실제로도 그렇게 되려고 노력한다. 만약 노인들이 잘 받아주면 만족감이 커져서 기분 좋게 일하게 되는데 부정적인 반응이 돌아올 때면 기분이 상해 일이 힘들게만 느껴진다고 한다.

인간의 가장 좋은 본성을 이끌어내는 방법

사회적인 매력은 타고나는 것일까? 양육의 결과일까? '사회적 기술을 후천적으로 배워 호감도를 높일 수 있는가?'는 어쩌면 가장 중요한 질문인지도 모른다. 이 질문은 사회적 거절이나 방치를 겪는 어린아이들의 사례를 대할 때 흔히 제기된다. 내 경험상 인간관계에서 문제를 겪는 아이들은 자신에게는 타고난 매력이 없다고 스스로 판단해버린다. 호감도의 부재는 영구적이고 불변하는 것이라고 생각한다. 그리고 대개 아이들의 부모 역시 비슷한 생각을 품는 경우가 많다. 하지만 사회적 기술을 후천적으로 배워 호감도를 높이는 것은 가능하다. 인간관계에서 문제를 겪는 아이들은 호감 가지 않는 행동을 보일 수도 있다. 화를 폭발시킨다거나 개인적인 공간을 침범하거나 미소나 칭찬에 인색한 것이다. 하지만 자신의 행동에 변화를 주면 다른 사람들의 행동도 바뀐다. 결국 타인이 우리의 행동에 반응을 보이는 것이다. 우리가 상대방의 행동에 호감 가는 반응을 보인다면 좋은 느낌을 줄 수 있다.

하지만 자의식이나 자기 제어가 부족해서 호감 가는 행동을 하기 어려운 사람들도 있다. 예를 들어 경증에서 중증에 이르는 노인 치매 환자는 조이스처럼 능숙하게 사회적 상호작용에 참여해 긍정적인 유대감을 만들어내지 못한다. 따라서 상호작용을 관리해야 하는 책임은 오로지 치매 노인을 돌보는 사람에게 있다. 집에서 생활한다면 가족들이 노인의 상태를 알고 그에 따라 행동할 필요가 있다. 요양원의 돌봄 제공자들도 그래야 한다. 정신 기능을 수행할 수 없는 치매 환자가 요양원에서 돌봄을 받을 때는 가족이 대리인 역할을 할 수 있다. 환자가 돌봄 서비스를 받으면서 좋은 기분을 표현할 수 없는 상태라면 가족이 대신할 수 있다는 말이다.

내가 이런 제안을 하면 대부분의 가족들은 이해하고 동조한다. 내 경험상 감사의 마음을 말이나 메모, 작은 선물(도넛 같은 간식 등)로 전하면 돌봄 제공자와 환자의 관계에 따뜻함이 지속되는 효과가 있다. 물론 돈 받고 일하는 사람들에게 그런 것까지 해줄 필요가 있느냐고 생각하는 가족도 있다. 물론 굳이 그럴 필요는 없지만 나는 그런 생각을 하는 사람들에게 고마움의 표현은 인간의 가장 좋은 본성을 이끌어내 주는 방법이므로 도움이 된다고 조언해준다. 작은 감사의 표시만으로도 아주 좋은 효과를 얻을 수 있는데 한번 해볼 만하지 않을까?

많은 사람이 인간관계의 기본 원칙을 자주 잊어버리는 듯하다. 시대에 상관없이 적용되는 황금률이 있다. 바로 행복과 감사, 존중을 표현하면 결국 그것이 자신에게 긍정적으로 되돌아온다는 사실이다.

긍정적인 반응은 더 많은 사랑과 존중을 이끌어낸다

+ **긍정적인 태도는 긍정적인 반응을 이끌어낸다.**

  만남의 목적은 중요하지 않다. 가장 중요한 것은 상대방에게 친절과 존중, 애정을 보여주는 것이다. 이렇게 긍정적인 특징이 담긴 태도를 보이면 상대방도 똑같이 반응해줄 가능성이 높다.

+ **사랑스러운 사람이 되는 데는 특별한 조건이 필요하지 않다.**

  타고난 기질 덕분에 좀 더 많은 사랑을 받는 사람들도 있겠지만 사랑스러운 사람이 된다는 건 특별한 상황이나 유전적인 조건만으로 정해지는 것이 아니다. 돌봄을 받아야 할 상황이라도 배려와 애정을 바탕으로 호감 가는 행동을 보인다면 얼마든지 편안하고 애정 넘치는 관계를 만들 수 있다.

인생질문 16

—

—

—

어떻게 해야 좋은 대인 관계를 유지할 수 있을까?

:

나는 감정을 알아차리는 데 미숙한 사람들을 자주 본다.
신시아는 "저도 제가 왜 우는지 모르겠어요. 신경 쓰여요"라고 했다.
그녀가 슬퍼하는 이유는 돌아가신 지 5주밖에 되지 않은
어머니의 죽음을 제대로 애도하지 않았기 때문이었다.
쉽게 짐작할 수 있는 일인데도 그녀는 연관성을 찾지 못했다.
왜 그런 감정이 드는지 알아차리지 못하면 불안해질 수 있다.
스스로 이해하지 못하기 때문에 자기가 이상해졌다거나
정신이 나간 건 아닐까 걱정하게 된다.

여섯 번째 감각, 감정

요양원에서는 정말 다양하고 솔직한 감정들이 오고간다. 만약 바닥에 모래만 깔려 있다면 초등학교 놀이터에 와 있는 것으로 착각할 정도다. 내가 최근에 겪은 일은 요양원에서 감정 표현이 보통 어떤 양상으로 드러나는지를 잘 보여준다.

나는 1층에 있는 간호 데스크 쪽으로 걸어가고 있었다. 그곳은 네 개의 부속 건물이 만나는 지점에 있는데 마치 나침반의 한가운데처럼 동서남북으로 90도 지점에 길이가 똑같은 네 개의 복도가 뻗어 있다. 요양원의 거주자들은 간호 데스크와 가까운 복도의 끝부분에 자주 모여 있었다. 그곳에는 언제나 직원이 최소한 한 명은 대기하고 있어 (내가 요양원에 머무르는 오전 시간에는 더 많다) 필요한 경우 금방 도움을 받을 수 있기 때문이었다.

데스크에 가까워졌을 때 여성 거주자 두 명과 남성 거주자 한 명의 말소리가 들렸다. 두 여성은 휠체어에 앉아 서로 이야기를 나누고 있었고 남성은 그 뒤쪽에서 데스크로 가려고 하는 중이었다. 그런데 여성들의 휠체어가 복도를 가로막고 있자 남성은 "좀 비키지 그래요? 사람 지나가는 거 안 보여요?"라고 소리쳤고 여성들은 "무례하네요. 당신이 돌아가면 되잖아요. 우리가 먼저 와 있었는데"라고 답했다. 그러자 남성은 "아니, 당신들이 여기 전세라도 냈어요? 빨리 비켜요.

길을 가로막고서는 뭐 하는 짓이야!"라고 받아쳤다. 이때 여성 중 한 명이 나를 발견하고는 "박사님. 저 사람이 자꾸 귀찮게 해요"라고 외쳤다. 그러자 남성은 "아니, 선생님까지 끌어들여? 입 다물고 당장 비켜!"라며 으르렁거렸다.

사실 이런 대화는 요양원의 혼란스러운 상태에서는 일상적으로 오간다. 이에 대해 요양원 관계자들은 그냥 무시해야 할까, 아니면 진지하게 주의를 기울여서 그 안에 담긴 중요한 의미를 찾아내야 할까? 만약 그렇다면 그 의미는 무엇일까?

이 사회에서는 개개인의 감정에 큰 의미를 부여하지 않고 넘어가는 경우가 많다. 학교에서는 고등교육이나 자기 계발, 사회생활을 위한 가르침을 준다. 영양이나 운동의 중요성, 흡연이나 약물중독의 위험성 같은 유용한 지식도 배운다. 하지만 감정이나 인간관계에 대한 교육은 거의 이루어지지 않는다. 행복하고 유능한 인간이 되기 위해 꼭 필요한데도 학교에서는 '개인적인' 주제는 다루지 않으려고 한다.

세계적인 심리학자 대니얼 골먼(Daniel Goleman)은 『EQ 감성지능(Emotional Intelligence)』에서 감정의 성숙이야말로 학문과 직업, 인간관계의 성공을 위한 중요한 요소라고 주장한다.[1] 나는 심리치료사로서 감정이 미성숙 상태로 방치되고 있는 증거를 자주 발견한다. 일반적으로 사람들은 문제가 되지 않는 한 감정에 별다른 주의를 기울이지 않는다. 인간의 경험은 생각·이미지·행동·감정으로 이루어진다. 모든 영역이 다 중요하지만 그중에서도 감정은 매우 중요하다. 사람들은 감정의 문제(슬픔, 불안 등)나 문제적 감정에서 비롯된 문제적 행동(불안을 잠재우거나 문제를 잊기 위한 음주 등) 때문에 정신 질환 전문가들의 도움을 구하는 경우가 많다. 우리가 자주 잊어버리지만 감정은 자기 자신 혹은 타인과의 의사소통과 동기부여를 비롯해 중대한 기능을 수행한다. 건강과 원만한 대인 관계를 위해서는 감정을 인식하고 이해하는 일이 중요하다.

인간이 자연의 섭리에 따라 감정을 지니는 데는 마땅한 이유가 있다. 우리는 말을 하지 못하는 상태로 태어나 생후 2~3년쯤에 언어 기술이 발달하기 시작한다.[2] 오감을 통해 세상에 대해 배우는데 감정이 여섯 번째 감각으로 작용한다. 정보는 그냥 딱딱한 사실로만 처리되지 않는다. 인식한 정보와 함께 감정도 따라오기 마련이다. 말을 할 수 있게 되기 전까지 감정은 유일한 소통 수단이며 세상과 관계를 쌓는 토대가 된다. 훌륭한 보호자는 감정의 언어에 능숙하다. 아이와의 상호작용에서도 감정이 길잡이가 되어준다. 감정의 표현은 보편적이며 공통의 언어라고 할 수 있다.

어린 시절에 말보다는 감정을 통한 소통이 중요한 부분을 차지하는 것처럼 감각 기능과 의사소통 능력이 저하되는 노년에도 감정 표현이 중요해진다. 병으로 감각 기능에 문제가 생긴 80대 노인에게 감정은 얼마나 중요할까? 감정보다 더 중요하게 여겨야 할 것들이 있지 않을까? 그렇지 않다. 특히 노인들은 언어를 통해 소통하기 어려울 수 있으므로 그들의 필요나 관심사를 감정을 통해 파악하는 기술과 통찰력을 키우는 것이 무엇보다 중요하다.

감정을 알아차리는 데 민감해져야 한다

다음과 같은 상황을 떠올려보자. 상황마다 개인이 어떤 감정을 표현하는지, 왜 그렇게 생각하는지 유념하면서 읽어보기 바란다.

- 에드거는 통증과 불편함이 한결 줄었다고 말하면서 웃었다. 이제는 잠도 잘 자고 물리치료도 더 열심히 받을 수 있게 되었다. 그는 침대에 편안하게 앉은 상태로 최근에 딸이 가족과 함께 갑자기 찾아온 이야기를 들려주었다.

- 린은 큰 소리로 빠르게 말했다. "혼자 화장실을 전세낸 것 같다니까." 화장실에 간 룸메이트를 두고 하는 말이었다. 그녀는 잔뜩 찌푸린 얼굴로 말을 이었다. "화장실을 혼자 쓰고 싶으면 1인실로 가야지. 당장 화장실에서 끌어내고 싶다니까."

- 션은 눈물을 글썽이며 떨리는 목소리로 말했다. "난 전부 다 잃었어요. 집, 차, 돈, 건강 전부 다. 아무것도 안 남았어요."

에드거와 린, 션은 각각 어떤 감정을 표현하고 있는가? 차례대로 행복, 분노, 슬픔이라고 생각했다면 정답이다. 어떤 감정 상태인지를 알 수 있게 만든 단서가 무엇인가? 얼굴 표정은 가장 확실한 정보원이다. 에드거의 미소는 즐거움을 나타낸다. 린의 찡그린 표정과 션의 눈물도 각각의 감정을 드러내준다. 말도 감정 상태를 알려주는 중요한 열쇠가 된다. 목소리의 크기와 빠르기, 말의 내용도 유용한 정보를 제공한다. 주제마다 특정한 감정이 따른다. 예를 들어 즐거움의 감정은 고통, 배고픔, 외로움 같은 부정적인 상태에서 해방되었을 때 드러난다. 에드거는 통증과 수면 부족으로 인한 불편함이 줄어들고 가족의 방문으로 외로움이 해소되어 행복을 느꼈다. 분노는 좌절이 자아내는 감정으로, 린의 분노를 자극한 것은 화장실 사용에 방해를 받는다는 사실이었다. 션이 표현한 슬픔은 상실의 경험이 그의 감정에 영향을 끼치고 있음을 알려준다.

감정 상태에 주의를 기울이기만 해도 상대방에 대해 많은 것을 알 수 있음을 보여주고자 일부러 짤막한 예를 들었다. 상대방이 어떤 감정을 느끼는지, 그에게 무엇이 중요한지는 물론이고 어떤 반응을 해야 좋을지도 알 수 있다. 예로 든 요양원 거주자들 가운데 에드거는 행복감을 표현했다. 그에게는 아무런 문제가 없는데 듣는 사람이 굳이 뭔가를 더 해야 할 필요가 있을까? 있다. 행복감은 그가 긍정적인 정신 상태에 놓여 있음을 보여준다. 내 경험상 부정적인 감정 못지않게 긍정적인 감정에 반응해주는 것도 매우 중요하다. 에드거에게 그의 메시지가 잘 전달되었다는 사실을 알려주고 긍정적인 경험을 강조해준다면 좋을 것이다. 그래서 나는 "통증이 줄었다니 한결 편하시겠어요"라고 답해줬다. "따님이 방문한 얘기를 좀 더 해주세요"라고도 했다. 긍정적인 감정이 에드거의 마음에 선명하게 남을 수 있도록 돕기 위함이었다. 이렇게 하면 기분 상태와 사기, 유익한 행동을 위한 동기부여에 도움이 된다.

좌절에 따른 분노를 표현한 린의 경우에는 일단 그녀가 열을 식힐 수 있도록 몇 분간 기다렸다. 흥분 상태에서는 무슨 말이든 들릴 리가 없기 때문이다. 어느 정도 진정된 것 같았을 때 먼저 그녀의 감정에 대한 이해심을 드러냈다. "화장실에 가려고 기다리는 건 불만스러운 일이지요. 화가 나실 만도 해요." 불만을 밖으로 터뜨린 데다 상대방의 공감까지 받으니 린의 기분이 많이 누그러져 보였다. 그녀가 진정된 덕분에 현실적인 문제 해결 방법에 대해 이야기를 나눌 수 있었다. 나는 두 가지 대안을 제시했다. 하나는 화장실에 들어갈 수 있을 때까지 나와 함께 기다리는 것, 다른 하나는 요양 보호사를 불러서 다른 화장실에 가는 것이었다. 린은 두 번째를 선택했다.

린을 도와줄 때 나의 말투와 분위기가 매우 중요했다는 사실을 강조하고 싶다. 비판적이거나 전혀 공감하지 않는 반응이었다면 어땠을지 생각해보자. "혼자만 그러신 게 아니잖아요. 다른 사람들처럼 기다리셔야죠"라고 말했다면 분명히 화만 더 돋웠을 것이다. 앞서 얘기했듯이 감정은 의사소통 기능을 한다. 감정 상태가 격해진 사람을 대하는 가장 효과적인 방법은 메시지를 충분히 전달받았음을 알려주는 식으로 반응하는 것이다. 감정에 반박하거나 다른 감정으로 설득하려고 하면 안 된다.

세 번째로 소개한 션은 괴로움에 휩싸인 상태였다. 그의 말에서 드러나듯 그는 많은 것을 잃었다. 슬픔과 눈물의 가장 기본적인 기능은 상대방에게 위로를 청하는 것이다. 이해하고 걱정해주는 사람이 있음을 느끼게 해주는 것이 내가 션에게 내민 치료법이었다. 그 후로도 션은 주변 사람들의 정서적 지원을 계속 필요로 하다가 마침내 슬픔을 가라앉혔다.

세 사람의 이야기에서 보듯 감정이 강렬할 때는 배출 모드가 작용한다. 감정을 표현하는 데만 열중하느라 상대방이 하는 말에는 주의를 기울이지 못한다. 배출에 대한 욕구가 한층 강하기 때문이다. 심리치료사들이 문제 해결에 앞서 환자와의 대화를 유도하는 것도 그래서다. 또한 환자가 느끼는 감정을 멈추거나 바꾸려고 하지 않고 최대한 인정해주려고 한다. 감정은 자동적인 반응이다. 우리는 어떤 감정을 느낄지 지시하는 것이 아니라 어떤 감정이 느껴지는지를 관찰한다. 선택이 가능하다면 당연히 언제나 행복을 느끼려고 하지 않을까? (물론 그 결과는 끔찍할 것이다. 세상과 단절되는 위험한 상황에 처하게 된다. 약물 중독자들은 현실을 회피하고 인위적으로 행복을 만들어내는 경험을 통해 뼈아픈 교훈을 배운다.) 감정이 상한 사람을 대할 때는 감정을 가라앉히고 균형을 되찾아서 현실적인 해결책을 찾도록 도와주는 것이 중요하다.

나는 요양원은 물론 개인 클리닉에서도 감정을 알아차리는 데 미숙한 사람들을 자주 본다. 한 예로 세 아이의 엄마인 37세의 신시아는 "저도 제가 왜 우는지 대체 모르겠어요. 하지만 신경 쓰여요"라고 말했다. 그녀가 우는 이유는 돌아가신 지 5주밖에 되지 않은 어머니의 죽음을 제대로 애도하지 않았기 때문이다. 쉽게 짐작할 수 있는 일인데도 그녀는 연관성을 찾지 못했다. 왜 그런 감정이 생겼는지 알아차리지 못하면 불안해질 수 있다. 스스로 이해하지 못하기 때문에 자기가 이상해졌다거나 정신이 나간 건 아닐까 걱정하게 된다. 신시아의 경우처럼 단순한 연결 고리를 찾는 것만으로도 큰 도움이 될 수 있다.

인간의 일곱 가지 기본 감정

우리가 경험하는 감정은 몇 가지나 될까? 나는 약 50가지 정도를 댈 수 있을 것 같다. 너무 종류가 많아서 제대로 구분할 수 있을까? 자신과 타인의 감정을 어떻게 알아차릴 수 있을까? 논쟁이 있기는 하지만 학계 전문가들은 모든 정서적 경험의 토대를 이루는 기본적인 감정에는 동의한다. 감정 연구와 이론의 아버지로 알려진 실반 톰킨스(Silvan Tomkins)와 그의 제자이자 역시 명망 있는 심리학자인 폴 에크먼(Paul Ekman)은 기본 감정 목록을 만들었다.[3] 이들은 감정이 생물학적으로 프로그래밍된 선천적이고 뚜렷한 반응이라고 말한다. 하지만 감정은 이를테면 언어와 달리 잊어버릴 수도 있으며 보편적이다.

에크먼의 교차 문화 연구는 감정 표현의 보편성을 설득력 있게 보여준다. 에크먼은 미국이나 일본 같은 선진국과 파푸아뉴기니 같은 저개발 국가 등 서로 다른 국적의 참가자들에게 사진 속의 얼굴 표정에서 나타난 감정을 읽어보라고 부탁했다. 서로의 배경 차이가 큰데도 모든 참가자가 매우 정확하게 맞혔다. 모든 인간이 똑같은 감정을 느끼고 똑같이 표현하는 것이다. 하지만 상황에 따라 감정 표현이 장려되거나 억제된다는 사실은 짚고 넘어갈 필요가 있다. 예를 들어 직장에서는 감정을 억누르거나 숨기려고 하는 경우가 많다. 그리고 남보다 조심스러워서 감정을 잘 드러내지 않는 사람들도 있다.

톰킨스는 감정을 강도의 범위에 따라 설명한다. 예를 들어 분노-격노는 같은 감정군에 속한다. 그 밖의 대표적인 감정에는 중립적인 감정인 놀람-깜짝 놀람, 긍정적인 감정인 흥미-동요, 향락-기쁨, 부정적인 감정인 분노-격노, 두려움-공포, 고뇌-번민, 역겨움-혐오 등이 있다. 톰킨스는 감정이 삶에 특색과 의미를 부여하고 기본적인 동기부여의 토대를 이룬다고 말한다. 긍정적인 감정은 극대화하고 부정적인 감정을 최소화하기 위함이다.

다음은 일곱 가지 기본 감정에 대한 설명이다. 각 감정이 어떤 상황에서 생기고 어떤 기능을 하고 어떤 얼굴 표정과 관련 있는지를 설명한다. 심박수와 혈압 같은 생리적 반응은 감정 상태와 연관이 있지만 쉽게 감지하기 어려우므로 제외한다. 거울 앞에서 표정을 연습하거나 배우들의 얼굴 표정을 유심히 살피거나 에크먼이 쓴 『얼굴의 심리학(Emotions Revealed)』을 읽어보면 감정 인식 능력을 개선할 수 있다.[4]

- **놀람_깜짝 놀람** 주의를 환기하고 정신을 맑게 해 갑자기 발생한 예기치 못한 일로 향하게 만들려는 감정이다. 예를 들어 요양원 거주자의 방에서 울려 퍼지는 비명 소리는 직원들로 하여금 즉각적으로 확인해볼 것을 유도한다. 거리를 걷다가 쾅 소리가 난다면 소리의 진원지를 알 때까지 잠재적인 위험을 경계하게 된다. 이 감정은

눈이 커지고 입이 벌어지고 눈썹이 올라가는 모습으로 표현된다.

• **흥미_동요** 시선이 집중되고 눈썹이 내려가는 특징으로 표현되는 흥미는 집중력 향상과 사고를 촉진해 학습에 재미와 성취를 더한다.

• **향락_기쁨** 얼굴에 퍼진 미소는 기쁠 때의 대표적인 표정이다. 배고픔이나 신체적 고통, 성적인 긴장감, 지루함, 외로움 등 부정적인 상태에서 벗어났을 때 일어난다. 이러한 감정은 사교 활동 같은 긍정적인 행동을 강화하는 기능을 한다.

• **분노_격노** 분노는 간섭·방해·좌절, 신체적·심리적인 공격이라는 두 가지 상황에서 발생한다. 첫 번째 상황에서 느끼는 분노는 강제적으로 장애물을 제거하는 기능을 하고, 두 번째 상황에서 일어나는 분노는 자신을 방어하는 역할을 한다. 얼굴이 붉어지고 목소리가 올라가고 눈이 커지는 모습으로 알아볼 수 있다. 요양원에서 분노한 거주자들을 대하는 것은 돌봄 제공자들에게 유난히 힘들고 가장 전문성을 필요로 하는 일이다. 분노에 대한 자연스러운 반응은 똑같은 분노이므로 돌봄 제공자들은 자기 안에서 일어나는 분노 반응을 제어해야만 한다. 거주자에게 직접적으로 분노를 표현하는 것만큼 적절하지 못한 대응은 없기 때문이다. 어떤 감정이 느껴지는 것까지 통제할 수는 없지만 그 감정을 밖으로 드러내는 것은 제어할 수 있다. 자기 감정이 아무렇게나 표출되지 않도록 하는

자제력이 중요하다.

• **두려움_공포** 창백한 얼굴, 식은땀, 커진 눈으로 드러나는 두려움은 위협을 인식했을 때 나타나는 반응이다. 잘 알려진 투쟁-도피 반응(fight-flight reaction)을 일으킨다.

• **고뇌_번민** 상실에 의해 자극되는 감정으로 울거나 얼굴이 붉어지거나 미간이 찌푸려지는 모습으로 나타난다. 당사자가 주변 사람들로부터 지지를 구하고 타인이 위로를 제공하게 만드는 기능을 한다.

• **역겨움_혐오** 윗입술이 올라가면서 입이 벌어지는 표정으로 드러나는 혐오감은 냄새가 고약한 음식, 넌더리 나는 사람 등 불쾌하다고 생각하는 것을 마주했을 때 일어난다. 혐오스러운 자극을 거부하거나 피하게 만든다.

지금까지 살펴본 것처럼 우리는 감정을 느끼도록 되어 있는 존재다. 그것도 쉼 없이 느낀다. 무엇을 느끼느냐가 문제가 되는 경우는 드물다. 대부분의 문제는 감정에 어떻게 대처하느냐에서 비롯된다. 나는 '야만인처럼 느끼고 신사처럼 행동하라'는 조언을 자주 한다. 감정은 정확히 인식하되 행동은 의도적이고 전략적으로 하라는 뜻이다. 대부분의 상황에서는 감정을 있는 그대로 드러내지 않는 것이 바람직하다. 감정은 우리가 알아차리기도 전에 자동으로 발생하는 경우가 많다. 그러므로 감정에 따른 상황별 특징(상실에 따른 슬픔)이나, 비언어적인 행동(얼굴 표정과 목소리 변화), 인지적 변화(생각의 내용 등)에 관심을 기울이는 등 감정을 알아차리는 방법을 평소에 익혀두는 것이 좋다.

•• Lesson 16

감정을 이해하고 제대로 관리하면 건강과 대인 관계에 도움이 된다

+ **일곱 가지 기본 감정을 잘 구분해야 한다.**

  중립적인 감정 : 놀람-깜짝 놀람

  긍정적인 감정 : 흥미-동요, 향락-기쁨

  부정적인 감정 : 분노-격노, 두려움-공포, 고뇌-번민, 역겨움-혐오

+ **자신의 감정 상태를 자주 확인하고 적절히 대처한다.**

  일상에서 긍정적인 감정을 최대화하고 부정적인 감정을 최소화하는 행동을 하려고 노력해야 한다. 슬픔이 느껴진다면 적절한 장소에서 혼자 또는 사랑하는 사람들과 함께 가장 자연스러운 방법으로 그 감정을 표현하고 나눈다. 이렇게 슬픔을 표출하고 나면 일상생활에서 감정에 대처하기가 한결 쉬워진다.

+ **타인의 감정에 주의를 기울인다.**

  다른 사람의 감정에도 예민해져야 한다. 겉으로 드러나는 감정의 신호를 잘 읽고 상대가 현재 느끼고 있는 감정에 공감하려 노력해야 한다. 원만한 대인 관계를 위해서는 그러한 노력이 반드시 필요하다.

인생질문 17

—

—

—

바쁘게 부지런히 살아야만 가치 있는 삶일까?

:

요양원이 지닌 가장 두드러진 두 가지 특징이야말로
모두가 원하는 삶의 조건이 아닐까 싶다.
바로 호젓함과 단순함 말이다.
이곳은 세상과 동떨어진 하나의 독립적인 공간이다.
한번 들어오면 몇 년 동안 밖으로 나가지 않고
이 안에서만 생활할 수 있다.
바깥세상에서 마주치는 환경과 비교할 때 전혀 복잡하지 않다.
노인들의 편안한 생활을 위해 만들어진 요양원에서 나는
호젓하고 단순한 삶이 지닌 장점을 깨닫게 되었다.

요양원은 세상과 동떨어진 또 다른 세상

'여기 생활도 나쁘지만은 않네. 단순한 삶이잖아. 세상에 신경 쓰지 않아도 되고 편한 침대에 TV도 있고 식사도 나오고.'

처음 이런 생각이 들었을 때 내가 미친 것은 아닐까 싶었다. 요양원 생활에 감탄을 하다니! 사지가 멀쩡하고 활동적인 사람이 요양원 생활을 부러워할 일이 있을까? 하지만 좀 더 곰곰이 생각해보니 요양원이 지닌 가장 두드러진 두 가지 특징이야말로 모두가 원하는 삶의 조건이 아닐까 싶었다. 바로 호젓함과 단순함 말이다. 잠깐 머물다 떠나는 사람도 있고 생의 마지막까지 지내는 사람도 있는 요양원은 세상과 동떨어진 하나의 독립적인 공간이다. 한번 들어오면 몇 년 동안 밖으로 나가지 않고 그 안에서만 생활할 수 있다. 이곳은 바깥세상에서 마주치는 다른 환경과 비교할 때 전혀 복잡하지 않다. 노인들의 편안한 생활을 위해 만들어진 요양원에서 나는 호젓하고 단순한 삶이 지닌 장점을 깨닫게 되었다.

물론 요양원이 문명으로부터 완전히 단절된 곳은 아니다. 도로 사정이 좋은 교외에 위치하고 TV와 전화 등 현대 생활의 편리함이 모두 제공된다. 세상과 떨어져 있는 것은 오직 거주자들뿐이다. 그들과 함께 있으면 나도 그들의 좁은 세상으로 들어가게 된다. 2012년에 태풍 샌디가 미국을 강타한 이후 이런 생각을 하게 되었는데, 당시 샌디는 뉴저지 주 일대를 완전히 쑥대밭으로 만들었다. 수년이 지났지만 지금까지 완전하게 복구되지 않은 곳도 있다. 태풍의 습격으로 일주일간 집에 전기가 끊겨 TV와 전화, 휴대폰도 됐다 안 됐다 했다. 내가 운영하는 클리닉은 정전 기간 동안 문을 닫아야만 했다. 그렇지만 그 기간 동안에도 요양원 환자들의 치료는 그대로 진행할 수 있었다. 내가 다니는 요양원은 집에서 16킬로미터 정도 떨어져 있었는데 평소 15분이면 도착하던 요양원까지의 운전길이 완전히 엉망이었다. 도로에 커다란 나무가 쓰러져 있고 전깃줄이 널브러져 있었으며 신호등도 작동하지 않아 교차로가 혼잡했다. 대로를 따라 쭉 직진만 하면 되는 쉬운 길이었는데도 끔찍하게 변해버렸다. 하지만 요양원에 도착해보니 그곳은 평소와 다름없이 평온했다. 발전기로 전기를 돌려서 태풍에 조금도 영향을 받지 않은 모습이었다. 인근 지역은 일주일 내내 어둠이었지만 노인들을 안전하게 돌봐야 하는 요양원은 제대로 준비를 갖춘 덕분에 문제없이 돌아갔다.

지금 이 순간에 집중하라

요양원과 요양원 너머는 완전히 다른 세상처럼 느껴졌다. 거주자들과 이야기를 나눌수록 더욱 이곳이 다른 세상처럼 느껴졌다. 태풍이 상륙한 지 이틀 후부터는 요양원까지의 혼잡한 길이 약간은 익숙하게 다가왔다. 요양원에 무사히 도착한 후에 처음 만난 환자는 베로니카였다. 당시 몇 년째 요양원에 거주하고 있던 베로니카는 54년 동안 결혼생활을 이어온 남편 제임스와 같은 방을 썼다. 베로니카는 태풍에 대해 형식적으로 몇 마디 언급하고는 곧바로 (자신에게) 좀 더 중요한 문제로 넘어갔다. 그것은 바로 요양보호사가 잘 모르는 사람으로 바뀌었다는 불만이었다. 평소 그녀를 돌봐주는 요양보호사가 교통 문제로 출근하지 못했던 것이다. 베로니카는 몹시 화가 난 상태였고 요양원이 직원들과 거주자들을 진심으로 생각한다면 지금 같은 때에 교통수단을 제공해야 한다고 말했다.

한참 동안 베로니카와 이런 대화를 나누다 보니 문득 이상하면서도 놀랍다는 생각이 들었고 한편으로는 중요한 깨달음을 얻을 수 있었다. 요양원이 위치한 뉴저지 주 전체가 태풍으로 큰 피해를 입었다. 요양원에서도 피해 상황이 창밖으로 내다보였다. 쓰러진 나무와 파헤쳐진 흙이 보였다. TV 뉴스, 가족과 친구들의 전화로도 피해 소식을 전해들을 수 있었다. 그런데도 베로니카는 평소와 다를 바 없이 행동했다. 그녀도 태풍 소식을 알고 있었지만 그녀에게 그건 TV 드라마에서 마이애미에 태풍이 불어닥치는 장면을 본 것과 크게 다르지 않았다. 주변 세상이 온통 혼란에 빠졌는데도 그녀의 관심은 오로지 자신이 직면한 상황에만 쏠려 있었다.

이 이야기를 하는 이유는 베로니카가 이기적이라는 말을 하고 싶어서가 아니다. 당시 내가 요양원에서 대화를 나눈 거주자들이 대부분 비슷한 모습을 보였다. 오히려 베로니카와 나눈 대화를 되짚어보면 값진 교훈을 얻을 수 있다. 베로니카에게서 나타나는 좁은 시야는 바람직하지 못한 현상이 아니다. 오히려 바람직하다. 요양원 거주자의 삶은 일상의 의무와 책임에서 벗어나 있기에 자신이 당면한 상황으로 주의가 좁혀진다. 즉 그들의 관심은 지금 이 순간에 머무른다. 그들은 과거와 떨어져 있으며 미래 또한 얼마나 오래, 어떤 상태로 지낼 수 있을지 불확실하다. 그렇기에 지금 이 순간에 집중할 수밖에 없다. 에크하르트 톨레(Eckhart Tolle)나 람 다스(Ram Dass) 같은 영적 스승들은 물론 미하이 칙센트미하이(Mihaly Csikszentmihalyi) 같은 긍정심리학의 대가는 현재에 주의를 기울이는 것이 여러모로 유익하다고 주장한다.[1]

요양원에서는 일상의 지극히 사소한 부분일지라도 거주자가 인식하는 삶의 질에 막대한 영향을 끼친다. 이를테면 보통 사람들은 요양원에서 점심 식사로 그릴 치즈 샌드위치가 아니라 치킨 샐러드가 나왔다고 마치 세상에 종말이라도 온 것처럼 심하게 불평하는 노인들을 선뜻 이해할 수 없을지도 모른다. 두 메뉴 모두 그럭저럭 괜찮으니까 말이다. 하지만 바로 눈앞에 펼쳐진 상황으로 모든 초점이 맞춰지면 아무리 작은 부분이라도 크게 다가오는 법이다. 베로니카처럼 정신 기능이 정상인 거주자들에게는 요양원의 활동 프로그램과 식사 메뉴 등이 예정대로 지켜지느냐 그렇지 않느냐가 삶의 질을 크게 좌우한다. 과거나 미래에 몰두하는 것이 바람직하지 않은 요양원 노인들은 지금 이 순간이 만족스럽지 않으면 불행함을 느낄 것이다.

자극에서 벗어난 삶

온전히 지금 이 순간에만 몰두하는 것은 누구에게나 만족스러운 삶을 살 수 있는 방법이 된다. 오로지 한 가지 목적을 가지고 현재에 집중하는 것이 왜 좋은지 생각해보면 사람들이 위기에 처했을 때 이상할 만큼 긍정적으로 반응하는 이유도 이해가 된다. 내가 클리닉에서 만나는 일반 환자들은 위기가 닥쳤을 때 오히려 예상 밖으로 매우 긍정적인 태도를 보이는데, 이미 워낙 힘든 일을 많이 겪다보니 부정적이거나 자신에게 별로 중요하지 않은 것들은 무시하게 되기 때문이다.

그렇다면 누구나 굳이 위기에 처하지도 않고 요양원에서 생활하지 않아도 바로 눈앞의 상황에만 주의를 집중하며 살 수 있을까? 나는 전자 기기의 코드를 빼는 방법만으로도 가능하다고 생각한다. 아주 잠깐 동안이라도 TV를 비롯한 전자 기기의 코드를 뽑고 치열한 삶에서 한 걸음 물러나면 된다.

일시적인 고립은 오히려 유익할 수 있다. 기기·게임·정보와의 이어짐은 사람의 마음을 강하게 사로잡는다. 더 빨리 연결될수록 시간당 더 많은 정보와 자극을 받는다. 감각을 통한 자극은 모두 뇌로 전달된다는 사실을 기억할 필요가 있다. 자극이 커질수록 뇌가 처리해야 하는 정보의 양도 많아진다는 뜻이다. 한마디로 뇌와 정신이 혹사당한다. 이는 어린아이들을 보면 확실히 알 수 있다. 가족과 함께 북적거리는 레스토랑에 간 어린아이가 갑자기 짜증을 내며 우는 이유는 과도한 자극 때문이다. 한꺼번에 너무 많은 자극이 몰려온 것이다. 어른도 가끔씩 자극을 차단해주지 않으면 그렇게 된다. 우리의 정신세계는 텅 빈 공간이 아니다. 그런 곳에 외부의 자극이 쉼 없이 쏟아진다. 뇌는 몸 안팎의 정보를 살피고 분석하고 통합하는 힘든 일을 해야만 한다.

누구나 자극적인 행동에 유혹을 느낄 때가 있다. 자극을 좇아 행동으로 옮기는 외향적인 태도가 사회적으로 선호되는 것처럼 보이기도 한다. 작가 수전 케인(Susan Cain)은 이러한 문화적 태도를 '외향성에 대한 이상'이라고 표현했다. 뒤돌아보지 않고 저돌적으로 나아가는 외향성이 우리 문화의 이상으로 자리 잡았다는 것이다.[2] 주변 세상 또한 끊임없이 자극을 찾는 태도를 지지한다. 마치 자극을 추구하는 것만이 삶을 적극적으로 살아나가는 방식이라고 착각하는 듯하다. 자극 없는 삶은 의욕도 없고 발전도 없이 도태된 삶이라 여기는 듯하다.

하지만 비례와 균형이 자연의 법칙임을 잊어서는 안 된다. 한쪽 팔이 다른 쪽보다 심하게 짧거나 한쪽 눈은 파란색인데 다른 쪽이 갈색일 수는 없다. 정신 기능에도 같은 법칙이 적용된다. 어느 쪽으로든 균형이 깨지면 문제가 된다. 완전히 바깥에만 집중하면 외부 자극에 따라 행동하게 되므로 인간 이하의 동물처럼 될 것이다. 인간은 의식이 있어 자신을 돌아볼 수 있는 유일한 동물이다. 의식을 버리고 외부의 자극만 추구하고 그것에만 반응한다면 동물과 다름없다. 하지만 반대로 안으로만 향하면 자폐적인 사고를 하게 되어 세상에 반응하지 않을 것이다. 자신을 돌아볼 시간과 공간을 허락하면서 적극적인 태도로 세상에 개입하는 중도가 필요하다.

누구에게나 자신을 돌아볼 시간이 필요하다

요양원은 비교적 세상으로부터 고립되어 있어 현재에 집중할 수 있는 환경일 뿐만 아니라 병원이나 쇼핑몰, 사무실, 슈퍼마켓, 가정집에 비해 매우 간소한 환경이다. 내가 요양원에서 환자들을 만나는 시간은 주로 오전이다. 요양원의 아침 일정은 주로 일어나 씻고 몸단장하고 옷을 입고 식사를 하고 약을 먹는 일로 이루어진다. 그러고 나서 물리 치료나 작업 치료를 받는 거주자들은 재활 병동으로 이동한다. 나머지는 선택에 따라 다양한 프로그램에 참여한다. 물론 아무것도 하지 않고 방 안에 있어도 된다. 이 일정만으로도 거주자들은 점심시간까지 무척 바쁘다. 보통 사람이라면 하루를 본격적으로 시작하기 전에 다 끝낼 수 있는 일들이다.

요양원의 생활은 확실히 단순하다. 물론 단순하다고 절대로 쉽다는 뜻은 아니다. 하지만 이곳에는 해결해야 할 복잡한 문제도, 결정도 없다. 이곳에서의 목표는 매우 확실하고 성취 가능한 수준이라 소박한 기쁨과 만족을 준다. 혹자는 아무 일도 일어나지 않는 것처럼 생각할 수도 있다. 정확하다. 그것이 핵심이다. 요양원 밖에서 추구되는 목표는 이루기 힘들고 결과에 대한 평가도 애매한 경우가 많다. 예를 들어 직장 생활이나 부부 생활, 자녀 양육, 좋은 사람이 되려는 노력에서의 성공 여부를 어떻게 판단할까?

어려운 목표로 가득한 일상에서 가끔은 침대에서 일어나 씻고 식사하는 일 정도에만 신경 쓸 수 있다면 반가운 일탈이 될 것이다. 내가 최근에 즐긴 휴가도 요양원의 하루 일과와 비슷했다. 물리 치료를 받는 대신 호텔의 헬스장에 갔다는 점은 다르지만.

온갖 의무와 자극으로부터 벗어나 조용히 자신을 돌아볼 시간이 필요할 때가 있다. 넘쳐나는 외부 자극으로부터 벗어나면 내면을 돌아보거나 현재에 온전히 집중하고 소소한 즐거움을 추구할 수 있게 된다. 충전을 위해 잠깐이라도 일상에서 탈출해보자.

•• Lesson 17

세상과 멀어지면 마음의 균형과 평온을 얻을 수 있다

- **가끔씩 세상을 등지고 마음의 균형을 찾아보자.**
  휴가를 떠나 열흘간 숲속 오두막에서 지내든 점심시간에 잠깐 산책을 하든 고독과 평화를 찾으려는 노력은 일상에서도 얼마든지 가능하다. 소란스러운 일상에 값진 휴식을 제공해줄 것이다.
- **일상에서도 세상과 멀어지는 방법이 있다.**
  매일 명상하기, 하루에 잠깐씩 모든 전자 기기 끄기, 목욕하기, 운동하기, 요가, 신앙 생활이나 영성 실천하기 등.
- **온전히 몰입할 수 있는 취미를 찾아보자.**
  취미는 삶에 활력을 준다. 단 스트레스 없이 온전히 즐기면서 할 수 있도록 너무 힘들지 않고 꾸준히 할 수 있는 것이어야 한다.

인생질문 18

—

—

—

외롭고 고립된 노년을 보내지 않으려면?

:

결국 수전은 연약한 상태일수록 사랑하는 사람들과 떨어져
사는 것이 좋지 않다는 사실을 깨달았다.
가족의 지원 체계에서 고립되는 것은 결코 좋지 않다.
주변 사람들의 지원이 필요한 건 심신이 쇠약한 노인뿐만이 아니다.
부부 생활이나 자녀 양육은 물론이고 직장 관련 문제나
집 또는 자동차 구매 같은 중대한 결정을 내릴 때도
언제든 주변에 도움을 청할 만한 사람들이 있어야 한다.

집과 가족에 대한 인식 변화

현대 사회가 지향하는 가치와 행동의 변화는 핵가족과 확대 가족의 관계를 뒤바꿔놓았다. 높은 이혼율, 이동성의 증가, 개인의 이익 추구와 독립적인 생활을 이상으로 여기는 문화, 가족보다 일을 중요하게 여기는 경향 등이 전통적인 가족 구조에 급격한 변화를 가져왔다. 더불어서 집에 대한 개념도 바뀌었다. 집은 자녀가 세상을 둘러보다가 돌아갈 수 있는 안전한 둥지이자 가족들의 기지라는 기존의 개념이 사라지고 있다. 오늘날 집은 가족의 신성한 공간이 아니라 언제든 버릴 수 있는, 투자를 목적으로 한 재산의 개념으로 바뀌고 있다.

이러한 변화는 모든 것이 덧없다는 의식은 물론이고 '각자가 알아서 사는 세상'이라는 생각까지 더불어 확산시켰다. 나는 이런 세상을 비판할 생각은 없다. 다만 우리가 어떤 선택을 해야 할 때 그 결과에 더욱 주의를 기울여야 한다는 이야기를 하려 한다. 노인들은 예전에 살던 동네나 형제자매, 친척, 가족이나 다름없던 오랜 이웃들에 대해 긍정적으로 이야기하고 또 그리워한다. 서로 도우며 살아가던 안정적인 삶이었다. 예전의 가족 구조는 사람들에게 안정감과 영속성을 주었고 사회의 든든한 토대가 되었다. 그런 긍정적인 가족 구조가 사라지고 있다는 것은 우리가 치러야 할 대가도 있다는 것을 뜻한다.

누구에게나 사회적 지지망은 필요하다

사람이 어디에서 일하고 살아가는지는 삶의 질에 중대한 영향을 끼친다. 예기치 않은 부정적 결과를 잘 보여주는 사례가 있다. 노년의 편안한 생활을 위해 따뜻한 지역으로 이사했지만 소중한 지원 체계, 즉 주변 사람들과의 교류를 잃게 되는 것이다. 수전의 경우가 그랬다.

초등학교 교사로 은퇴한 그녀와 전기 엔지니어로 은퇴한 남편 에드워드는 뉴저지 주 에식스 카운티에 있는 집을 팔고 플로리다 주의 노인 공동 거주 시설로 이사했다. 몇 년 동안은 그곳의 기후와 생활 방식이 만족스러웠다. 골프장 한가운데에 위치하고 풀장과 커뮤니티 센터까지 갖춘 콘도에서 다른 노인들과 마음 편히 어울리며 지낸 여유로운 삶이었다. 하지만 6년 후 남편 에드워드가 심장마비로 사망하고 말았다. 당시 수전과 에드워드의 나이는 둘 다 74세였다. 수전은 남편을 잃은 슬픔을 겨우 추스르고 비교적 잘 생활해나갔다. 요양원으로 오기 두 달 전까지는 그랬다. 그녀는 쾌적한 노인 공동 거주 시설에 살면서 그곳의 친구들과 함께하는 생활이 즐겁기는 했지만 곁에 남편이 없으니 예전만큼 행복하지는 않았다고 말했다. 여전히 친구들이 그녀를 챙겨주었지만 자주 외로움을 느꼈다.

수전은 폐렴에 걸려 근처의 병원에 입원하게 되었다. 병원 생활이 길어지면서 그녀의 상태는 급격히 나빠졌다. 체중이 줄고 다리에 힘이 없어져 움직이는 것이 불안정해졌고 덩달아 심적으로도 약해졌다. 수전의 하나뿐인 아들은 여전히 에식스 카운티에 살고 있었는데 수전은 아들과 상의한 결과 아들의 집에서 가까운 요양원으로 옮겨 재활 치료를 받는 것이 최선이라는 결론에 이르렀다. 그렇게 해서 수전은 내가 다니는 요양원으로 오게 되었다.

요양원으로 옮겨온 그녀의 몸 상태는 호전되었지만 불안 증세를 보이기 시작했다. 나와 만나게 된 것도 그래서였다. 수전은 몸이 아파서 잠깐 거동이 불편해졌을 때 불안한 미래에 대해 생각하게 되었다고 털어놓았다. 예전에는 한 번도 없던 일이었다. '또 아프면 어떡하지?' '다치기라도 하면?' '돌이킬 수 없는 장애가 생기면?' '누가 나를 돌봐주지?' '은행 업무나 공과금 납부 같은 여러 가지 일은 누가 대신 처리해주지?' 이런 생각이 그녀를 괴롭혔다. 친구들은 많았지만 개인적인 일 처리를 맡길 정도로 편안한 사람은 없었다. 아들이 기꺼이 그녀를 도와주려고 했지만 사회적 지지망은 없었다.

수전은 두 세상에서 이러지도 저러지도 못 하는 상황이었다. 짙은 파란색 눈동자와 반백의 짧은 머리, 항상 깔끔하고 단정한 차림의 그녀는 나이보다 훨씬 젊어 보였다. 정신 기능이 멀쩡하고 여전히 다양한 활동을 즐기는 수전은 요양원에서 장기적으로 생활하기에는 지나치게 젊고 활기가 넘쳤다. 아들은 어머니가 계속 뉴저지 주에 남으면 도움을 줄 수는 있지만 자신의 집에 모실 수는 없는 형편이었다. 수전은 불안했지만 요양원에서 재활 치료를 끝내고 계속 뉴저지에 남아 반의존 주거 시설에서 생활하기로 결정했다.

그녀는 연약한 상태일수록 사랑하는 사람들과 떨어져 사는 것이 좋지 않다는 사실을 깨달았다. 내 경험상으로도 가족의 지원 체계에서 고립되는 것은 결코 바람직한 일이 아니다. 주변 사람들의 지원이 필요한 대상은 심신이 쇠약한 노인들뿐만이 아니다. 부부 생활이나 자녀양육, 직장이나 투자 관련 고민이 있을 때, 혹은 집이나 자동차 구매 같은 중대한 결정을 내릴 때에도 언제든 주변의 믿을 만한 사람들에게서 도움을 얻을 수 있어야 한다.

가족의 지원은 무엇보다 소중하다

내가 만나는 일반 환자들 중에는 일이나 환경 때문에 이사를 했다가 예기치 못한 시련에 직면하는 젊은 부부가 많다. 28세의 제이슨과 26세의 아만다는 그 문제로 부부 상담을 받으러 왔다. 두 사람 모두 펜실베이니아 주 피츠버그가 고향인데 뉴저지 주 북부로 이사 와 살고 있었다. 제이슨이 좋은 제약 회사에서 일하게 되었기 때문이다. 이곳으로 이사 온 후에 아만다는 피트니스 강사로 취직했다. 그들은 낯선 지역으로의 이사에 따르는 여러 어려움을 무사히 헤쳐나갔다. 새 직장에 적응하고 집도 사고 첫아이도 낳았다. 하지만 아만다가 둘째를 임신하면서 어려움이 닥쳤다. 육아 스트레스와 직장 일로 항상 바쁜 남편이 그녀를 지치게 만들었다. 결국 부부가 모두 불행해지는 상황에 이르렀다.

아만다와 제이슨은 새로 이사한 곳에서 탄탄한 지원 체계를 구축하는 일을 그다지 중요하게 생각하지 않았다. 아무런 연고도 없는 곳으로 이사 와서 직장 생활에만 충실했고 아이가 태어난 후에는 가정을 돌보느라 정신없이 바빴다. 동네의 환경은 만족스러웠지만 이웃들과는 가벼운 인사를 주고받는 정도였고 더 이상 친밀해지는 것은 바라지 않았다.

반면 고향 피츠버그에는 탄탄한 지원 체계가 있었다. 양가 부모님 모두 아직 건강했고 아만다의 두 언니와 제이슨의 누나도 기꺼이 그들을 도와줄 터였다. 하지만 멀리 떨어져 살고 있으니 도움을 받을 수가 없었다. 한마디로 이 부부의 문제는 스트레스가 넘치는데 주변에서 전혀 지원을 받지 못한다는 것이었다. 얼마 후 아만다의 어머니가 잠시 와 있자 도움이 되었다. 그리고 유대인인 아만다와 제이슨은 내 조언에 따라 유대교 회당에 다니면서 영성과 인간관계에 도움을 얻기로 했다.

아무리 가족과 집에 대한 개념이 바뀌었어도 가족은 언제나 가장 믿음직한 사회적 지지망이다. 비록 예전처럼 온 가족이 한 집에 모여 사는 구조는 아니지만, 몸은 떨어져 있더라도 가족과 연결되어 있고 언제든 도움을 요청할 수 있다는 사실만으로도 마음이 든든해진다.

현대사회는 이동성과 독립성이 나날이 커지고 있고, 그런 만큼 불안과 고립감도 커지고 있다. 이런 환경에서 가족의 정서적인 지원은 무엇보다 소중하다. 만약 가족으로부터 지원을 받을 수 없다면 사회적 지지망을 만들기 위해 노력해야 한다. 이 책에서 반복해 얘기하지만 그 누구도 혼자서는 살 수 없다.

형태는 달라져도 가족의 가치는 달라지지 않는다

+ **인간은 섬이 아니다.**

  성공과 행복을 위해서는 개인적인 기술과 성취, 경제적 기회, 호감 가는 성격도 중요하지만 가족과 오랜 친구들로 이루어진 탄탄한 지원 체계가 없으면 안 된다. 따라서 그러한 지원 체계와 물리적으로 멀어져야 하는 결정을 내릴 때는 현재뿐만 아니라 앞으로 일어날 일들까지도 충분히 고려해야 한다.

+ **가족과 소원한 상태라면 화해를 진지하게 고려한다.**

  가끔씩 예외도 있지만 가족은 없는 것보다 있는 것이 낫다.

+ **탄탄한 사회적 인맥으로 가족의 지원 체계를 대신할 수도 있다.**

  가족의 지원을 기대할 수 없는 상황이라면 인맥을 쌓기 위해 노력해야 한다. 예를 들어 무료 급식소나 청소년 단체 등에서 자원봉사를 하거나 종교 생활을 하거나 운동 클럽이나 독서 클럽에 가입하거나 쿠킹 클래스에 등록할 수 있다. 어떤 식으로든 사회적 지원 체계를 구축해두는 것이 중요하다.

인생질문 19

신체 나이와 뇌 나이는 반드시 비례할까?

사회적 활동은 여러모로 이롭다.

뇌의 일부분은 사회적 접촉에 의해 자극되는데

충분한 자극이 없으면 위축된다.

실제로 신체 및 사회적 활동은 치매를 예방하는 데 도움이 된다.

변화가 없는 환경은 지루함을 느끼게 하고

정서적·지적 흥분을 일으키지 못한다.

그래서 자극이 적은 환경에서는 뇌의 위축 속도가 빨라진다.

뇌의 놀라운 변화 능력

요양원 노인들은 몸이 건강한 상태로 제대로 기능하려면 운동이 꼭 필요하다는 사실을 잘 안다. 재활 치료를 위해 병원에서 요양원의 회복기 재활 병동으로 옮겨온 환자들은 더욱 그렇다. 그들은 몸이 너무도 빠르게 쇠약해진다는 사실을 날마다 깨닫는다. 하루가 다르게 근육이 물렁물렁해지고 신체 기능이 떨어진다. 몇 주 전만 해도 쉽게 하던 일인데 갑자기 병이 나거나 상해를 입으면 할 수 없게 된다.

뇌가 작용하는 기본 원리도 나머지 신체 부위와 똑같다. 즉 사용하지 않으면 약해진다. 근육에 운동이 필요한 것처럼 뇌도 마찬가지다. 뇌는 자극에 대한 반응으로 성장하고 변화한다. 기계가 아니라 변화 가능성이 있는, 살아 있는 신체 기관이다. 이 같은 개념이 알려진 것은 비교적 최근의 일이다. 내가 1970년대 후반과 1980년대 중반에 대학교와 대학원에서 배운 심리학과 생물학 교과서에만 해도 뇌는 복잡하고 흥미로운 기관이지만 변하지 않는다고 되어 있었다. 당시에는 다른 신체 기관과 마찬가지로 뇌의 구조와 기능에 생길 수 있는 변화는 기능 장애나 쇠퇴에 따른 것뿐이라고 여겨졌다. 또한 과학자들은 태어날 때 뇌세포(뉴런)의 수가 한정되어 있다고 믿었다. 시간이 지날수록 그 수가 줄어들기 때문에 노화 과정에서 뇌는 퇴화할 수밖에 없으며 한번 손상되면 회복 가능성이 거의 없다고 생각했다.

그러나 최근 연구에서 뇌의 변화 능력이 매우 크다는 사실이 드러났다. 세포가 새로 만들어지기도 하고 기존 뉴런의 기능과 구조도 바뀔 수 있다. 이것을 신경 가소성이라 한다. 임상의들은 뇌 가소성의 발견을 대환영했다. 지적 능력을 강화함으로써 정신을 건강하게 만들 수 있는 가능성을 의미하기 때문이었다. 뇌의 가소성은 뇌와 행동의 상관관계가 그동안 알려진 것보다 훨씬 복잡하다는 것을 뜻한다. 예전에는 오로지 뇌만이 일방적으로 행동을 결정한다고 믿었다. 하지만 이제는 행동 역시 뇌를 바꿀 수 있다는 사실이 알려졌다.[1] 사실 심리치료사들은 행동을 바꾸면 정서상의 문제로 괴로워하는 사람들에게 도움이 된다는 사실을 오래전부터 알고 있었다. 그런데 이제 행동 변화가 뇌의 변화에도 반영된다는 것이 과학적으로도 증명된 것이다. 정신의학자 대니얼 에이멘(Daniel Amen)은 단일광자 단층촬영(SPECT)으로 뇌의 활동을 측정한 결과, 정신의학과 심리 치료의 개입으로 뉴런의 기능에 유익한 변화가 생긴다는 사실을 발견했다.[2] 하지만 아직 기뻐하기는 이르다. 마치 양날의 검처럼 뇌의 변화는 개선과 퇴화라는 양쪽 방향으로 모두 일어날 수 있기 때문이다.

뇌를 어떻게 사용할 것인가

뇌의 적응성(adaptability of the brain)은 개인이 어떤 선택을 하느냐에 따라 뇌가 개선될 수도 있고 퇴화할 수도 있다는 것을 의미한다.

이는 마리오의 사례에서 잘 나타난다. 처음 만났을 때 마리오는 요양원에서 생활한 지 3개월째였다. 처음에는 잘 적응하는가 싶었지만 갈수록 고립된 생활을 하고 돌봄 제공자들에게도 비협조적이어서 상담치료를 받게 된 것이었다. 마리오는 첫 면담에서 매우 협조적인 모습을 보였다. 친절하고 대화에도 적극적이었다. 몸단장 상태도 양호했다. 면도는 하지 않았고 숱 많은 머리를 하나로 묶었는데 나이에 비해 무척 젊어 보였다. 그는 아내와 사별했고 두 딸이 있지만 관계가 소원해진 지 여러 해라고 말했다. 혼자 살던 그는 오랜 친구의 조언으로 요양원에 들어오게 되었다. 척추를 다친 이후로 장애가 점점 심해져서 다리의 감각을 완전히 잃은 상태였다.

마리오는 면담에서 경미한 인지 장애 증상을 드러냈다. 말을 시작하기까지 한참 걸렸고 말을 하다가 갑자기 끊기도 했다. 일반적으로 말하는 실어증 증상이었다. 판단력 장애도 나타났다. "슈퍼마켓에서 여성의 핸드백을 주웠을 때는 어떻게 해야 할까요?"라고 물었을 때 유실물 센터에 가져다주거나 직원을 찾는다는 일반적인 대답이 아니라 "가방을 뒤져서 신분증이 있는지 찾아봐야지. 가방 주인이 슈퍼마켓에 없다면 직접 집 주소로 가져다줄 거야"라고 대답했다. 의사소통과 판단력에 문제가 있을 뿐 아니라 기억력도 불규칙했다. 짜증을 내거나 우울해하는 일도 잦았다.

79세의 마리오는 뉴저지 주 웨스트 오렌지에서 태어났다. 형제자매가 3명 있었고 고등학교 졸업반 때 학교를 그만두고 해병대에 자원했다. 군 복무를 무사히 마친 후에는 견습 기간을 거쳐서 배관공 노조의 일원이 되었다. 은퇴한 지 14년 된 마리오는 자신을 배관공, 용접공, 건설 노동자 등으로 표현했다. 6·25 한국전쟁에도 참전했고 놀라울 정도로 힘이 셌다. 내게 항상 악수를 청했는데 손을 꽉 쥐고는 빼보라며 장난을 치기도 했다. 야외 활동을 좋아해서 사냥과 낚시, 캠핑, 오토바이 타는 것을 즐겼지만 장애가 생긴 후로는 그런 활동을 전혀 할 수 없었다.

요양원 생활에 대해 묻자 마리오는 장애 때문에 도움이 필요하니 어쩔 수 없이 현실을 받아들이기로 했다고 말했다. 그래서인지 그는 요양원에 처음 들어올 때부터 비교적 긍정적인 자세였다. 이는 관계자들이 전해준 말과도 일치했다. 하지만 마리오는 요양원에 들어온 지 얼마 되지 않아 이곳에서 계속 지내야 한다는 사실을 새삼 깨달았다. 게다가 단체 생활도 잘 맞지 않았다. 식사, 목욕, 몸단장 등을 모두 정해진 일과에 따라 해야만 한다는 사실이 낯설고 힘들었다. 그래서 일주일에 두 번 목욕을 할 때 빼고는 방에서 한 발도 나서려 하지 않았다. 침대에서 일어나 휠체어에 앉는 것조차 거부했다. 그저 침대 위에서 식사를 하거나 옛날 영화를 볼 뿐이었다. TV 옆에는 집에서 가져온 영화 DVD가 잔뜩 쌓여 있었다.

그의 방은 마치 과자 봉지와 음료수 캔이 여기저기 널브러져 있는 마지막 상영이 끝난 뒤의 영화관 같을 때도 있었다. 마리오가 과도한 카페인 섭취로 밤에 잠도 자지 않고 내내 TV를 보는 바람에 룸메이트가 관계자들에게 항의하기 일쑤였다. 그는 주로 낮 동안에 잠을 잤다. 밤에는 TV를 끄고 수면을 취하라는 요양원 관계자들의 조언도 무시했다. 영양사는 마리오의 식습관을 염려했다. 내가 그의 염려스러운 행동에 대해 질문하면 반항적인 대답이 돌아왔다. "내가 방 안에만 있겠다는데 누가 뭐래? 다른 사람에게 피해를 주는 것도 아닌데. 내가 손해볼 것도 없어. 나도 이런저런 요양원 프로그램에 벌써 다 참여해봤지만 하나같이 지루했다고. 예전에는 벤치 프레스를 110 킬로그램씩 들었어. 하지만 이제는 휠체어에 앉아서 팔운동을 해봤자 근육이 생기지도 않는걸. 난 선생보다 더 힘이 세다고. 여긴 풍선으로 배구를 시키고 플라스틱 공으로 볼링을 시켜. 그건 어린애들이나 하는 거지! 빙고는 더 말할 것도 없어. 절반은 꾸벅꾸벅 졸던걸."

자극이 적은 환경에서는 뇌 위축 속도가 빨라진다. 마리오의 불평은 오히려 문제를 악화시키는 자기 합리화 같았다. 그의 말에 반박의 여지가 있을까? 그는 요양원에 들어올 당시부터 인지 기능 저하의 신호를 보인 만큼 지적 기능의 퇴화 위험성도 컸다. 마리오의 행동과 말에서 부정적인 태도와 수용의 부재가 드러났다. 그는 지적 기능을 강화해주는 것이 아니라 뇌를 손상시키는 행동을 하고 있었다. 불규칙한 수면 습관, 활동 부족, 사회적 고립, 잘못된 식습관, 단조로운 환경 유지[3] 같은 것 말이다.

그의 수면 습관은 여러모로 문제가 많았다. 룸메이트에게 방해가 될 뿐만 아니라 낮에 잠을 자는 바람에 요양원의 일과를 따라갈 수 없었으며 중요한 뇌 기능에도 방해가 되었다. 밤에 깨어 있고 낮에 자려고 하니 수면의 질이 떨어질 수밖에 없었다. 우리의 뇌에서는 잠을 자는 동안 주의력 지속, 새로운 학습, 기억 통합 같은 개인의 능력을 향상하는 데 중요한 활동이 이루어진다.

마리오는 일주일에 몇 번을 제외하고는 침대를 떠나려고 하지 않아서 신체 활동 및 사회적 교류도 부족할 뿐만 아니라 항상 똑같은 환경에만 머물게 되었다. 신체 활동은 혈액순환과 산소 공급을 원활하게 해 뇌를 건강하게 만들고 뇌 세포를 보호하는 생화학 물질을 분비해 기능을 증진시킨다. 마리오는 룸메이트와 관계를 형성하는 것마저도 무시했다. 커튼을 치고 침대에서만 생활하며 대화를 거의 나누지 않았다. 사회적 활동은 인간에게 여러모로 이롭다. 뇌의 일부분은 사회적 접촉에 의해 자극되는데 충분한 자극이 없으면 위축된다. 실제로 신체 및 사회적 활동은 치매를 예방하는 데 큰 도움이 된다.

변화가 없는 환경은 지루함을 느끼게 하고 정서적·지적 흥분을 일으키지 못한다. 그래서 자극이 적은 환경에서는 뇌의 위축 속도가 빨라진다. 연구자들은 노인들에게 기억, 문제 해결, 지각 속도 등 특정한 인지 기능을 훈련시키면 노환에 따른 기능 저하를 예방할 수 있다는 사실을 발견했다.[4] 어떤 유형의 인지 자극과 훈련이 가장 좋은지는 정확히 밝혀지지 않았지만 집중력과 노력을 지속시킬 수 있는 정도의 난이도가 필요하다. 정규 교육은 뇌 강화 과정의 좋은 사례로 치매를 막아준다고 밝혀졌다. 일부 전문가들은 노인들이 외국어나 복잡한 댄스 동작을 배우면 뇌 건강을 지키는 데 도움이 된다고 말한다.[5] 마리오는 지적으로 결핍된 환경에 놓여 있어 인지 기능이 약화될 수밖에 없었다. 또한 사탕과 감자 칩, 탄산음료 같은 단순 탄수화물로만 음식을 섭취했기 때문에 체중은 물론 전반적인 건강도 나빠졌다. 혈당 수치가 불안정해지고 기억력과 주의력이 악화되었다.

뇌도 운동이 필요하다

행동 변화의 필요성을 설득하기 전에 마리오의 사기 저하와 부정적인 태도를 먼저 해결할 필요가 있었다. 그는 요양원 관계자들이 걱정을 하든 말든 신경 쓰지 않았다. 오히려 선의에서 우러나온 조언을 쓸데없는 참견으로만 받아들였다. 그런데 마리오는 기억력 손상과 의사 표현의 어려움을 겪고 있었다. 그는 "내가 방에서 나가기 싫은 이유 중 하나는 스스로 바보 같고 창피해서야. 말을 제대로 못하니까"라고 했다. 갈수록 악화되는 인지 기능에 대한 우려는 그의 행동에 대해 이야기해볼 수 있는 계기를 마련해주었다.

마리오는 정신 기능이 개선될 수 있다는 말을 듣고는 수면 시간을 제대로 지키기로 결심했다. 그리고 매주 영화 한 편을 보고 줄거리와 주연 배우 이름, 가장 마음에 드는 장면 등이 전부 들어간 영화 평을 해달라는 제안에도 동의했다. 이처럼 그의 관심사를 이용해서 주의력과 기억력을 개선시킬 수 있는 동기를 부여했다. 게다가 영화에 대해 평가하려면 말도 많이 해야 하니 더욱 잘된 일이었다. 시간이 조금 흘러 마리오가 상담 시간을 즐거워한다는 사실이 분명해지자 나는 날씨가 좋을 때는 밖에서 만나자고 청했다. 그래서 드디어 마리오는 휠체어를 타고 밖으로 나왔다. 비록 이러한 변화가 그의 뇌 기능을 완전히 회복시켜줄 수는 없겠지만 지적·정서적 결핍이 초래하는 심각한 정신 장애는 줄여줄 수 있었다.

현재 신경학 연구에서는 정신 건강을 유지하고 회복하는 데 정신적 자극이 중요하다는 사실을 뒷받침하는 확실한 증거들이 제시되고 있다. 그 기본 원칙은 요양원 거주자들뿐만 아니라 모든 사람에게 적용된다. 우리 모두는 뇌 건강을 직접 관리할 수 있고 또 개선시킬 수도 있다. 뇌는 가만히 두면 퇴화하지만 끊임없이 자극하면 그만큼 발달한다.

•• Lesson 19

우리 뇌는 유연하며 끊임없는 자극이 필요하다

+ **뇌는 항상 변화하고 적응하는 역동적인 기관이다.**
이 사실을 건강에 유리하게 활용하자. 적절한 자극을 통해 뇌를 최대한 발달시키고 노화에 따른 손상을 막는다. 두뇌 강화는 적극적인 노력과 도전을 통해 이루어진다.

+ **뇌 건강의 기본 원칙을 기억하고 실천하자.**
뇌 건강을 위해서는 규칙적인 운동과 적절한 수면, 영양가 풍부한 음식 섭취, 꾸준한 사회 활동이 중요하다.

인생질문 20

—

—

—

나이가 들었다고 여성성과 남성성까지 포기해야 할까?

이사벨라는 자신이 눈에 보이지 않는 존재가 된 것 같아
고통스럽다고 털어놓았다.
그녀는 젊은 시절의 성적 매력이 사라져서
이제는 아무도 자신에게 관심을 갖지 않는다고 생각했다.
매력 없는 여성이 된 것처럼 느끼는 것도 아니고
그저 '아무런 특징 없는 노인'처럼 느낀다고 했다.
"내 행동은 예전이나 지금이나 똑같은데 사람들이 나를 대하는
태도는 달라졌어요. 사람들이 불친절하게 군다는 건 아니에요.
그저 마치 내가 보이지 않거나 전혀 관심 없다는 듯 행동하죠."

성 정체성과 성욕

나는 영화배우 같은 외모는 아니지만 요양원에서는 영화배우 브래드 피트의 인기가 부럽지 않다. 거주자들과 직원들이 대부분 여성이므로 남자라는 이유만으로도 관심을 받기 때문이다. 프로이트는 지금으로부터 100년도 더 전에 아이들이 본능적으로 성적인 행동을 보인다는 사실을 발표해 세상을 놀라게 했다. 물론 어른 세계에서 말하는 성적인 의미가 아니라 아이가 부모에게 보이는 사랑과 친밀감, 애정 어린 행동이 어른의 성적인 행동의 전조라는 것이다. 하지만 그뿐만이 아니다. 놀랄 사람도 있겠고 불쾌하게 여길 사람도 있겠지만 노인 역시 여전히 성적인 존재다. 성 정체성은 2~3세 때 형성되어 평생 유지된다. 리비도(성적 욕망)가 평생 지속된다는 증거도 있다. 다시 말해서 성 정체성과 성욕은 아동기부터 노년기까지 줄곧 삶의 일부로 자리한다.

매슈의 행동을 보면 성 기능이 멈춘 이후에도 성에 대한 관심은 여전히 남아 있다는 사실을 알 수 있다. 아내와 사별한 74세의 매슈는 요양원에 들어오기 전 결혼한 딸의 가족과 한 집에서 1층과 2층에 따로 살았다. 아내는 오래전에 암으로 일찍 세상을 떠났다. 그는 혼자가 된 후에도 평범한 생활을 계속해왔다. 엔지니어로 계속 일하며 아내를 잃은 슬픔을 무사히 극복하고 사람들과 활발하게 교류했고 몇 명의 여성과 사귀기도 했다. 그는 성욕은 그대로였지만 성 기능에 문제가 있었다고 설명했다. 매슈는 과체중이었고 고혈압과 당뇨를 앓았다. 당뇨 관리 소홀로 손발까지 혈액순환이 잘되지 않는 혈관 손상이 발생했고 이는 성 기능 저하에도 영향을 미쳤다. 흡연 또한 건강에 좋지 않은 영향을 미쳤고 고혈압 약도 발기부전을 악화시켰다. 아내가 건강하게 살아 있을 때만 해도 매슈는 심리적으로 편안한 상태에서 성적인 활동을 할 수 있었다. 온화한 성격의 아내는 남편이 겪는 문제를 모두 이해해주었다. 하지만 사별 후에 만난 여성들과 있을 때는 압박감과 당혹감이 느껴져서 발기부전이 더욱 심해졌다. 결국 자신의 몸과 성 기능을 심하게 의식하게 된 나머지 성적 활동에 대한 흥미마저 잃게 되었다. 그래도 건강 문제로 요양원에 들어오기 전까지는 데이트를 계속했다.

성욕은 삶에 대한 강한 욕구

매슈에게 나타난 문제는 많은 사람들이 일반적으로 경험하는 것이기도 하다. 노화 과정에서 남녀 모두 호르몬과 신체 변화로 성 기능이 떨어진다. 노인의 경우 전반적인 건강 상태가 성에 큰 영향을 미친다. 각종 처방 약 또한 성욕과 성 기능에 훼방을 놓는다. 파트너의 부재도 노인의 성적 활동에 영향을 끼치는 요인이다. 마지막으로 정신 건강 문제도 성적 활동을 가로막는다. 매슈는 요양원에 들어오기 전에는 비교적 건강했지만 불안과 두려움으로 성 기능이 악화되었다.

그가 요양원에 들어온 것은 뇌졸중으로 쓰러져 몸의 왼쪽에 마비 증상이 생겼기 때문이었다. 그는 요양원에서 장기적으로 생활하며 돌봄 서비스를 받고 있었다. 내가 매슈를 만나게 된 것은 성 기능 문제와 심리적 당혹감으로 이미 성적인 활동을 중단한 상태였는데도 그가 요양원의 여성 관계자들에게 성적으로 부적절한 행동을 보였기 때문이었다. 보고에 따르면 그는 신체 부위를 노출하거나 여성들의 외모에 대해 성적인 발언을 하거나 노골적으로 섹스를 요구했다고 한다.

가장 먼저 시도한 치료적 개입은 매슈의 부적절한 행동을 막는 것이었다. 여기에는 세심한 주의가 필요했다. 요양원 관계자들이 어떤 형태로든 절대로 성희롱을 겪지 않도록 보호하면서도(또한 매슈를 거절과 굴욕감으로부터 보호하고) 매슈의 강한 욕구가 사그라들지 않도록 균형 잡힌 접근법을 시도해야 했다. 비록 부적절하기는 하지만 그의 행동은 어쨌든 열정이 있다는 증거였기 때문이다. 나는 요양원이라는 환경에서 열정을 결코 가볍게 넘기지 않는다. 이곳에서는 생의 의지를 찾는 것이 매우 어려운 일이기 때문이다. 나는 매슈가 요양원 관계자들에 대한 행동은 절제하면서도 리비도는 그대로 유지하기를 바랐다.

매슈는 정말로 성관계를 맺고 싶어서 그런 것이 아니라 관심과 애정, 사랑이 절실하게 필요했다고 털어놓았다. 나는 리비도를 적절하게 표현하는 것은 좋은 일이라고 말해주었고 그가 원하는 것을 얻을 수 있는 더 좋은 방법을 함께 의논했다. 한 예로 그는 방에서 혼자가 아니라 식당에서 여러 사람과 함께 식사를 함으로써 사람들과의 접촉 기회를 늘렸다. 그리고 애정과 위안이 필요할 때는 딸에게 전화를 걸었다.

신사와 숙녀, 소년과 소녀

성 정체성이 사람에게 얼마나 중요한지 잘 모르겠다면 나이에 상관없이 누군가의 성별을 착각한 것처럼 바꿔서 얘기 해보라(남자아이에게 여자아이라고 하는 식으로). 그러면 상대방은 그 즉시 당신에게 잘못되었다고 지적할 것이다.

요양원 거주자들은 남자나 여자가 아니라 무성(無性)의 존재처럼 취급받을 때 투명 인간이 된 기분이라고 털어놓는다. 어디에서나 마찬가지지만 요양원에서도 사회적 평등을 생물학적·심리적 평등과 혼돈하지 말아야 한다. 남성과 여성은 법에 따라 평등한 권리와 기회를 누려야 하지만 성별의 차이를 인정하지 않으려고 들면 문제가 된다. 특히 성 정체성을 확립해가는 과정에 놓인 아이들이나 성 정체성에 애착을 갖게 되는 노인들에게는 더욱 그렇다. 남녀는 유전적으로 신체·호르몬·심리·행동 측면에서 차이를 보인다. 성적 활동을 하고 있든 그렇지 않든 상관없이 요양원 거주자들에게도 여전히 성 정체성이 존재한다.

이사벨라는 눈에 보이지 않는 존재가 된 것 같아서 고통스럽다고 털어놓았다. 한때 어디를 가든 사람들의 관심을 끄는 매력적인 여성이었던 그녀는 젊은 시절의 성적 매력이 사라져서 아무도 자신에게 관심을 갖지 않는다고 생각했다. 매력 없는 여성이 된 것처럼 느끼는 것도 아니고 그저 '아무런 특징 없는 노인'처럼 느낀다고 했다. "가진 걸 잃고 나서야 알게 됐어요. 사람들이 나에게 친절한 이유는 나도 그들을 친절하게 대하기 때문이라고 생각했죠. 하지만 내 행동은 예전이나 지금이나 똑같은데 사람들이 나를 대하는 태도는 달라졌어요. 사람들이 불친절하게 군다는 건 아니에요. 그저 마치 내가 보이지 않거나 전혀 관심 없다는 듯 행동하죠." 성 정체성은 젊은 사람에게거나 나이 든 사람에게거나 똑같이 중요하다.

제어하거나 폭주하거나

동기에 관한 이중본능 이론은 정신분석학의 초기부터 존재했다. 간단히 말하자면 두 가지 힘이 합쳐져서 인간의 행동에 영향을 끼친다는 내용이다. 하나는 리비도(생의 본능 혹은 성적 본능)이고 다른 하나는 타나토스(죽음의 본능)이다. 이 본능들은 종의 번식을 위해 생물학적으로 꼭 필요하다. 리비도는 애착이나 사랑, 협동, 섹스 같은 행동을 자극한다. 그리고 타나토스는 방어에 필수적인 공격적인 행동을 일으킨다. 흥미롭게도 요양원에서는 겉으로 관찰 가능한 행동에서 공격 본능이 드러나는 경우가 흔히 있다. 일상에서 적대적인 행동을 쉽게 관찰할 수 있는데, 거주자들은 화내며 욕하거나 목소리를 높이고 비명을 지르거나 위협하며 서로 밀치거나 때리려고도 한다. 하지만 성적인 행동이 외부로 표출되는 경우는 한 번도 보지 못했다. 거주자들끼리 키스하는 모습조차 본 적이 없다. 요양원에 함께 거주하는 부부라도 마찬가지다. 리비도는 작동하지 않고 타나토스만 과하게 작동한다.

요양원에서 이렇게 불균형적인 행동 표현이 나타나는 이유는 무엇일까? 노인 세대일수록 정숙한 행동을 중요시하기 때문이라고 생각할지도 모른다. 하지만 일부 요양원 거주자가 드러내는 모욕적이고 위협적이고 공격적인 행동은 거친 뱃사람의 얼굴까지 붉히게 만들 수 있을 정도임을 알아두기 바란다. 성적 행동의 제어는 선택적이다. 나는 두 가지 요인이 영향력을 끼친 결과라고 생각한다. 하나는 공격성의 표현보다 애정 표현에 더 큰 위험이 따른다는 인식 때문이다. 또 하나는 생의 본능이 본래의 목적으로 돌아갔기 때문이다. 분노, 적대감, 위협적인 발언, 공격적인 제스처와 행동은 모두 방어적 의도를 표현한다. 일반적으로 우리는 인식된 위협을 피했을 때 스스로 더 강하고 안전함을 느낀다. 하지만 타인과 함께하려면 경계를 낮추고 가까운 거리를 허용해야 하며 거절과 상처에 노출되어야만 한다.

요양원에 리비도가 존재하지 않는다는 생각은 착각이다. 생의 본능은 성적 행동에 개입할 필요가 없어진 거주자들에게 관심과 사랑, 애정을 구하도록 만든다. 마치 어린 시절로 돌아간 것처럼 말이다. 노인들의 리비도는 사라진 것이 아니다. 거주자들 사이에서 겉으로 관찰되는 성적 행동은 거의 부재하지만 리비도는 여전히 활동하고 있다. 노인들은 자신과 같은 거주자가 아니라 요양원 관계자들에게 친밀감을 표현하는 것을 더 안전하게 인식하는 듯하다. 이것은 성적인 목적이 아니라 상대방을 끌어당겨 유대감을 형성하기 위한 행동으로 보인다. 매슈는 상태가 가장 나빴을 때도 다른 거주자들에게는 절대로 부적절한 성적 행동을 보이지 않았다. 나는 요양원에서 노인들이 돌봄 제공자에게 애정 어린 말을 건네고 가벼운 신체 접촉을 시도하는 모습을 자주 본다. 하지만 그들은 다른 거주자에게는 절대로 그런 행동을 보이지 않는다. 잘 이해되지 않겠지만 요양원에서 같은 노인들끼리는 친하게 지내기보다 싸우기가 더 쉽다.

성적 끌림은 인간을 이어주는 힘

사회적 연결은 요양원이나 집에서 거주하는 노인들은 물론 모든 인간의 웰빙을 위해 필수적이다. 하지만 요양원 거주자들 사이에는 서로를 이어지지 못하게 가로막는 수많은 장벽이 존재한다. 우선 이동성에 제한이 있다. 침대에만 누워 있어야 해서 직접 사람들을 만나러 나갈 수 없는 거주자들도 있다. 혼자 휠체어를 타고 다닐 수 있는 사람이라도 자유로운 움직임에 제약이 따른다. 이동할 때마다 돌봄 제공자들의 도움을 받아야 하거나 활동 프로그램에 일절 참여하지 못하는 사람들도 있다. 또한 심리적인 장애물이 사회적 교류를 차단하기도 한다. 불안과 우울증 증세를 보이거나 내성적인 성격이라면 다른 이들과 교류할 수 있도록 도움을 받아야 한다.

하지만 사회화의 가장 큰 장벽은 아마도 감각의 문제일 것이다. 두 노인이 서로 대화하는 모습을 옆에서 지켜보고 있으면 '바벨탑'이 떠오른다. 서로 소리내서 말하지만 상대방이 하는 말을 하나도 알아듣지 못한다(인간이 바벨탑을 쌓아올려 하늘에 닿으려 하자 신이 인간의 오만함을 벌하고자 탑을 무너뜨리고 인간들을 수많은 언어로 분리시켰다는 성경의 이야기—옮긴이). 의사소통이 이루어지려면 청력이 좋고 큰 소리로 말할 수 있는 해설자가 필요하다. 이처럼 요양원 거주자들은 사람과의 접촉을 필요로 하지만 수많은 장애물에 가로막혀 있다. 그래서 리비도의 힘이 작용한다. 성적 끌림은 사람들이 서로 이어질 수 있는 힘을 만든다. 요양원 거주자들에게 성은 불필요하거나 더럽고 부적절한 것이라고 생각한다면 사회적 연결을 통한 치유의 도구를 묵살하는 셈이 된다. 나는 그들과 대화할 때 성적인 내용의 대화를 부추기지도 않지만 막지도 않는다.

모니카의 경우에서 보듯 요양원에서 성은 자주 언급되는 주제다. 모니카는 꼼꼼한 성격이었다. 휠체어에 앉아서 이부자리를 정리하고 직접 몸단장도 했다. 방은 집에서 가져온 물건들로 아늑하게 꾸며져 있었고 계절마다 소품에도 변화를 줬다. 깔끔한 방만큼이나 겉모습도 단정해 그녀는 아침마다 머리를 빗고 화장을 하고 직접 옷을 입었다. 젊은 시절의 사진을 보여주며 "마릴린 먼로를 닮았다는 말을 자주 들었지요"라고 말하기도 했다. 내가 옛날 사진을 보고 감탄하면 기분 좋아했다. 그녀는 뉴저지 주 뉴어크에서 보낸 어린 시절부터 시작해 자신에 관한 많은 이야기를 들려주었다. 모니카는 어려운 집안 형편 탓에 고등학교를 그만두고 공장에 취직했다. 그리고 공장에서 남편 아서를 만났다. 공장의 감독관이었던 아서는 매우 훌륭한 신랑감이었다. 모니카가 그와 결혼했다는 것은 그녀 또한 훌륭한 신붓감이라는 뜻이었다. 남편과 결혼하게 된 이야기는 그녀가 한때 젊고 아름다웠다는 사실을 나에게 알려주려는 그녀만의 방법이었다. 나는 모니카의 옛날 이야기에 공감해줄 뿐만 아니라 현재 나이 든 그녀도 충분히 멋지다는 사실을 계속 일깨워줬다.

모니카는 자신을 드러내는 데 신경 쓰는 만큼 요양원의 다른 거주자들이나 직원들, 내 겉모습에 대해서도 뛰어난 안목으로 평가했다. 그녀는 나와의 상담 시간에도 외모에 관한 언급을 빠뜨리지 않았다. 이를테면 넥타이나 재킷, 반짝이는 구두 등 옷차림에 대해 이야기하는 식이었다. "아내분더러 운이 좋다고 전해주세요" 또는 "오늘 멋져 보이네요"처럼 좀 더 개인적인 표현을 할 때도 있었다. 나는 "감사합니다", "항상 칭찬을 해주시는군요", "역시 패션에 안목이 있으세요"라고 답해줬다. 부적절하거나 전문가답지 못한 대답이라고 생각할 수도 있겠지만 나는 상냥하고 악의 없는 반응을 해주려고 노력할 뿐이었다. 물론 대화가 부적절할 정도로 개인적이거나 저속하게 흐르지 않도록 경계는 해야 했다. 사실 모니카의 이런 말들은 나라는 사람이나 내 외모보다는 그녀 자신에 관한 중요한 사실에서 비롯된 것이었다. 나는 대화를 나눌 때 그녀의 상냥한 성격이나 상대방과 유대감을 느끼고 상대방을 기쁘게 해주고 싶어 하는 욕구에 초점을 맞춘다.

요양원의 노인들은 심리 치료를 통해 말로 자신을 표현하고 사람과 접촉할 수 있다. 이 사회에는 노인의 성을 혐오스럽게 생각하는 노인 차별 문화가 존재한다. 모니카의 행동은 얼핏 성인이 보내는 추파처럼 보이지만 사실은 어린아이의 리비도에 따른 행동 동기와 일치하는 소통 욕구를 반영한 표현으로 봐야 한다. 마치 늑대의 탈을 쓴 양 같다. 그것은 매우 건전한 동기이므로 나도 긍정적으로 반응한다. 노인들에게는 사회적 접촉을 가로막는 장벽이 많다. 그들의 소통 욕구를 억눌러서는 안 된다.

•• Lesson 20

성은 자아 정체성의 중요한 부분이므로 거부하거나 무시해서는 안 된다

+ **성별은 자아 정체성의 중요한 부분이다.**

  나이가 들었다고 무성의 존재가 되는 것은 아니다. 모든 사람은 죽는 그 순간까지 자신의 성 정체성을 지니고 있으며 그것이 거부당하거나 무시당하는 것을 원하지 않는다.

+ **모든 사람에게는 리비도가 존재한다.**

  나이에 상관없이 모든 사람에게는 다른 사람을 끌어당기고 싶어 하는 리비도가 존재하며 그것은 인간관계와 소통을 위한 매우 건전한 도구로 사용된다.

인생질문 21

—

—

—

상처받지 않고 살아갈 방법은 없을까?

만약 환자들이 자주 찾아오지 않는다고 불평을 하더라도
나는 그들의 요구가 지나치다면서 기분 나빠하지 않는다.
그저 가만히 그 말에 담긴 정서적 메시지에 주의를 기울인다.
조금만 더 생각해보면
상담을 받기까지 오래 기다려서 화가 난다는 뜻임을 알 수 있다.
그러니 나는 똑같이 감정적으로 대응하는 대신에
"제가 자주 오지 않아서 화가 나셨군요?
좀 더 자주 올 필요가 있겠어요"라고 웃으며 답해줄 수 있다.

불만이나 모욕에는 어떻게 반응해야 할까?

요양원 노인들은 매우 연약한 상태에 놓인 사람들이다. 하지만 그들에게는 모순이 엿보이기도 한다. 그들은 어떤 면에서는 무력하지만 물리적으로나 말로 돌봄 제공자를 해칠 수 있다. 심신은 쇠약하지만 공격이 불가능한 상태는 아니기 때문이다. 이런 일이 생기면 돌봄 제공자가 위험한 상황에 놓이게 된다. 돌봄 제공자는 불만이나 모욕 같은 언어 공격에 능숙하게 대처할 필요가 있다. (노인 보호를 위해) 방어적이지 않고 세심하게 행동하면서도 (자기 보호를 위해) 방심하면 안 된다. 요양원에서 최고의 고객 서비스는 훌륭한 인간관계의 원칙과 똑같다. 상대방의 행동을 개인적으로 받아들이지 말아야 한다는 것이다.

"왜 이리 늦었어요?", "나한테는 신경도 안 쓰네", "복도에서 웃는 소리가 들리던데 이게 지금 웃을 상황이야?", "좀 살살 해! 날 감자 자루처럼 다루고 있잖아!" 요양원에서 자주 들을 수 있는 말이다. 이런 불평에는 어떤 의미가 담겨 있고 또 어떻게 반응해야 할까? 돌봄 제공자도 똑같이 날카롭게 받아쳐야 할까? "신경질 좀 내지 마세요. 전 어르신을 돌봐주는 사람이지 학대하는 사람이 아니라고요!" 하며 화를 내는 것은 당연히 잘못된 반응이다. 우선은 발각될 경우 징계 처분을 받을 것이다. 무엇보다 돌봄 제공자가 덩달아 화를 낸다는 것은 자신의 역할을 제대로 인지하지 못한 것일 뿐만 아니라 상대방이 정말로 전달하고자 하는 메시지도 이해하지 못했다는 뜻이다. 요양원 거주자의 불만이나 모욕에 제대로 대처하려면 전문 돌봄 제공자는 역할 특징과 의사소통에 대해 정확히 이해하고 있어야 한다. 그러면 돌봄 서비스가 개선되고 개인적으로나 일적으로나 관계도 탄탄해져서 불필요한 스트레스를 받지 않을 수 있다.

사람들은 직장에서 회사나 직업을 대표해 주어진 역할을 수행한다. 소매업이건 의료업이건 고객이나 환자들을 대할 때는 해당 조직이나 직업의 대리인으로 인식된다. 레스토랑에서 일하는 종업원은 손님이 음식에 대해 불평하면 개인적으로 속상하지는 않을 것이다. 하지만 서비스에 대한 불평이라면 상처를 받는다. 우리는 직장에서 자신의 역할을 어떻게 인식하고 있을까? 탁월한 서비스를 제공하려면 고객의 불만을 자신이 수행하는 모든 역할의 맥락에서 바라보는 일이 필요하다. 이를테면 레스토랑의 종업원은 딸이자 학생, 엄마, 아내, 교회 신자, 운동선수 등의 역할까지 맡고 있을 수 있다. 다시 말해서 고객이 제기한 불만은 당신이라는 사람을 이루는 그저 작은 한 부분에 관한 것일 뿐이다. 직장에서는 업무와 관련된 행동을 통해 자신을 드러내게 된다. 고객들은 직장 밖에서의 당신 모습을 알지 못한다. 하지만 서비스를 제공하건 물건을 팔건 일을 좀 더 잘하고 싶다면 피드백이 필요할 것이다. 불만이나 모욕을 위협적으로 받아들이지 않고 피드백으로 참고하는 태도는 학습과 자기 계발의 주 무기가 된다.

말에 담긴 진짜 의미를 파악해야 한다

의사소통은 글로 하든 말로 하든 단어의 뜻과 정서적 교환을 토대로 이루어진다. 나는 환자들을 만날 때 정서적인 소통과 거기에 반응하는 것을 가장 우선순위로 둔다. 그 어떤 말이라도 놀람, 동요, 두려움, 슬픔, 분노, 혐오, 행복의 기본적인 감정 중에서 최소한 하나라도 반영되어 있기 마련이다. 따라서 환자의 말에 어떤 감정이 깔려 있는지를 파악하는 것이 가장 중요하다. 요양원 거주자들이 앞서 언급한 것과 같은 불평을 털어놓는다면 거기에 좌절과 분노가 담겨 있음을 알 수 있다. 다시 말하지만 그들이 마음속에서 좌절과 분노를 느껴서 하는 말일 뿐 나 때문이 아니다. 그저 감정을 표출하고 있는 대상이 나일 뿐이다. 따라서 초점을 내가 아닌 그들이 겪고 있는 상황으로 옮겨보면 좀 더 냉정하게 받아들일 수 있다. 어느 정도의 분리('나 때문에 하는 행동이 아니다')가 이루어지므로 정보를 객관적으로 받아들여서 대처할 수 있게 되는 것이다.

처음부터 정서적 소통의 측면에 초점을 맞추면 반사적으로 행동하지 않고 목적에 부합하는 반응을 보일 수 있다. 나는 훌륭한 서비스업 종사자의 마음가짐을 기억하려고 한다. 고객이 항상 옳다. 다시 말해서 나는 정서적 소통의 의미에 반응하려고 한다. 요양원의 노인들이 내게 자주 오지 않는다고 불평을 하더라도 나는 그들의 요구가 지나치다며 기분 나빠하지 않는다. 상대방이 비현실적인 기대를 한다고 생각하지 않고 다만 그 말에 담긴 정서적 메시지에 더 주의를 기울인다. 그건 바로 '상담을 받기까지 너무 오래 기다려야 하는 것이 화가 난다'라는 뜻이다. 그러니 나는 똑같이 감정적으로 대응하는 대신에 "제가 자주 오지 않아서 화가 나시는군요. 좀 더 자주 올 필요가 있겠어요"라고 답하거나 "기다림은 단 일 분이라도 길게 느껴지지요. 제가 시간을 잘 지켜야겠네요"라고 웃으며 답해줄 수 있다.

이 외에 긍정적인 말에서도 정서적 소통의 측면을 알아차려야 한다. 이를테면 요양원 환자가 "고마워요. 나한테 선생님처럼 말해주는 사람은 없어요"라고 한다면 이 말 속에 담긴 감정을 알아차려야 한다. 그러면 "제가 도움이 된다니 기쁩니다"라고 대답할 수 있을 것이다. 부정적인 감정뿐만 아니라 긍정적인 감정의 표현까지도 잘 받아들여주면 노인과 돌봄 제공자 간의 유대감은 한층 깊어진다. 요양원은 부정적인 정서가 지배적인 환경이다. 부정적인 감정은 노화나 병으로 인한 장애나 고통, 상실을 나타낸다. 앞에서 살펴본 원칙을 이해하고 적용한다면 돌봄 제공자나 가족들이 요양원 거주자의 불만 가득한 말에 더 이상 상처받지 않게 될 것이다.

문제의 원인은 내가 아니다

정서적 소통 능력은 직장은 물론이고 인간의 상호작용이 이루어지는 곳이라면 어디에서나 도움이 된다. 특히 요양원에서 흔히 일어나는 상황을 해결하는 데 중요하게 작용한다. 돈 미겔 루이스(Don

Miguel Ruiz)는 『네 가지 약속(Four Agreements)』에서 삶을 즐겁게 살 수 있도록 해주는 네 가지 법칙을 소개했는데 그중 두 번째가 바로 '어떤 것도 개인적인 문제로 받아들이지 말라'이다.[1] 사람들이 어떤 말이나 행동을 하는 것은 상대방이 아니라 결국 자기 자신에게서 비롯된 것이라는 뜻이다.

나는 클리닉에서 이 원칙이 가장 친밀하고도 개인적인 관계에 적용되는 모습을 자주 본다. 바로 부모와 자식 간의 관계다. 아이들은 인간 본성에 따라 행동한다. 부모와 자식의 관계는 개인적이지만 개인적이지 않은 측면이 있기 마련인데 대부분의 부모는 그 부분마저 불필요하게 개인적으로 생각한다. 예를 들어 아기가 한밤중에 우는 이유는 부모를 벌하거나 다음 날 하루를 망치게 하려는 의도가 아니다. 또한 초등학생이 숙제에 대해 불평하는 것이나 10대 청소년이 인내심을 시험하는 행동을 하는 것 역시 부모를 괴롭히기 위함이 아니다. 성인이 된 지 얼마 안 된 자녀가 과하게 술을 마시는 게 과연 부모를 화나게 하려고 하는 행동일까? 그런 일은 그저 유아기와 아동기, 청소년기, 성인 초기에 자연스럽게 일어날 수 있는 일이므로 부모는 자녀의 성장 발달에 필요한 개입만 해주면 된다. 유아에게는 유대감과 애착감을 형성해주고 아동에게는 책임 의식을 가르쳐주고 청소년에게는 통제력을 길러주고 이제 막 성년이 된 자녀에게는 또래 집단과 즐거움을 공유하는 행동과 위험 의식 간의 균형을 이루도록 가르쳐주면 된다. 만약 부모가 자녀의 모든 행동을 개인적인 문제로 받아들인다면 어떻게 될까? 자녀들의 분노와 반감을 키워서 오히려 제대로 된 관계를 형성하지 못하고 부모 역할을 제대로 수행하지 못하게 될 수도 있다.

모든 인간관계가 마찬가지다. 누군가 자신에게 호의적이지 않은 말과 행동을 한다고 해도 개인적인 일로 받아들이거나 부정적인 감정을 갖지 말아야 한다. 그 사람은 그저 자신의 감정을 표현하는 것뿐이고 우리는 모두 각자의 사회적 역할을 충실히 이행하고 있는 것뿐임을 잊지 말아야 한다. 그래야만 인간관계에서 크게 상처받지 않고 자기 역시 다른 사람에게 상처를 주지 않을 수 있다.

•• Lesson 21

말과 행동에 담긴 진짜 메시지를 파악해야 한다

+ **우리 모두는 각자 사회적 역할을 다하고 있을 뿐이다.**

예를 들어 당신이 슈퍼마켓 계산대 직원으로 일하는데 고객이 계산하는 데 시간이 너무 오래 걸린다고 불평했다고 치자. 이때 고객의 불평이 정당하든 그렇지 않든 당신이 모든 면에서 실패한 사람이라는 뜻은 아니다. 당신은 계산대 직원인 동시에 자상한 아버지, 효심 깊은 아들, 뛰어난 살사 댄서일 수도 있다. 일을 일로만 받아들인다면 스스로 괴로울 일도 없고 더 의연하게 대처할 수도 있다.

+ **상대방의 표현에 담긴 정서적 요소에 주의를 기울여라.**

말에 담긴 감정을 알아차리면 상대방이 정말로 어떤 메시지를 전달하려는 것인지 알 수 있다. 이 사실을 알면 자동 반사적으로 반응하지 않고 자기 생각과 의도에 따라 행동할 수 있으므로 감정의 소모를 줄일 수 있다.

인생질문 22

인간의 기본 욕구를 억눌러야 성숙한 삶일까?

:

메리는 무척 화가 나 있었다.

"이 망할 놈의 벨을 눌러대면 뭐해? 아무도 오지 않는데!

난 이 요양원도 싫고, 여기 사람들도 다 싫어!"

요양원에서는 욕구가 충족되어야 하는 타이밍이 언제나 시급하다.

욕구 충족이 지연되는 일이 많기 때문이다.

거주자들은 돌봄 제공자들에게 의존해 생활하므로

먹기, 잠자리 들기 같은 욕구를 바로바로 해소하기 어렵다.

이런 상황은 좌절과 불만으로 이어진다.

신체적 욕구를 충족시키는 것이

즐거움이 아닌 불행의 근원이 되어버리는 것이다.

욕구 충족 타이밍의 중요성

땀을 뻘뻘 흘리며 운동한 후에 마시는 물 한 잔은 그 어느 때보다 시원하게 느껴진다. 허기가 질수록 음식은 맛있게 느껴지는 법이다. 배변이나 섹스, 수면, 감정의 표출 같은 신체적 욕구 또한 마찬가지다. 욕구가 강렬할수록 충족되었을 때의 기쁨과 만족감도 커진다.

내가 당뇨 환자들에게 제공하는 프로그램에서도 몸이 보내는 신호에 즉각 반응할수록 만족도가 커진다는 사실이 분명하게 드러났다. 28세의 미혼 변호사 에반은 1형 당뇨를 앓고 있었다. 그는 혈당 수치를 의사가 권장하는 한도로 유지하는 데 어려움을 겪었다. 다양한 요인이 혈당 수치에 영향을 끼칠 수 있으므로 운동과 음식물 섭취, 혈당 측정, 인슐린 주입 등이 규칙적으로 이루어져야 했다. 유난히 혈당 조절에 어려움을 겪는 사람들은 엄격한 행동 기준에 따를 필요가 있다. 에반이 특히 지켜야 할 것은 음식물 섭취 후의 인슐린 주입 타이밍이었다. 그렇다 보니 몸이 필요로 하는 것보다는 오로지 시간을 엄격히 지키는 것만 신경 써가면서 식사를 하게 되었다. 결국 몸이 보내는 배고픔의 신호는 아무런 의미가 없어졌다. 그에게 먹는 행위란 즐거움보다는 그저 일에 불과했다. 몸이 느끼는 배고픔이 아니라 그저 시간에 따라 혈당을 측정하고 인슐린을 주입해야 하는 일일 뿐이었다. 결국 에반은 식욕을 잃었고 먹는 것 자체에 부담을 느끼게 되었다. 욕구와 만족감이 단절되자 먹는 행위가 오히려 불쾌해진 것이다.

요양원에서는 제때 욕구 충족이 이뤄지지 못하는 경우가 많다. 거주자들은 돌봄 제공자들에게 의존해 생활하므로 (먹기, 잠자리 들기, 화장실 이용하기 등) 욕구를 바로바로 해소하기 어렵다. 이런 상황은 좌절과 불만으로 이어진다. 신체적 욕구를 충족시키는 것이 즐거움이 아닌 불행의 근원이 되어버리는 것이다.

어느날 메리의 방이 소란스러워 들어가보니 그녀가 무척 화를 내고 있었다. "이 망할 놈의 벨을 눌러대면 뭐해! 누군가 오기만 해봐라. 머리통을 날려버릴 거야! 난 이 요양원도 싫고 여기 사람들도 다 싫어!" 메리는 벨을 누르자 요양보호사가 오더니 금방 다시 오겠다고 말만 하고 그냥 가버렸다고 말했다. 그런데 그가 빨리 돌아오지 않자 화가 난 것이었다.

요양원에서 가장 흔하게 들을 수 있는 불만은 도와줄 사람이 올 때까지 무기력하게 기다려야만 한다는 것이다. 거주자들이 경험하는 좌절과 스트레스가 안타깝기는 하지만 그들을 보살피는 돌봄 제공자들의 수에는 한계가 있기 때문에 어쩔 수 없는 일이다.

몸이 보내는 신호를 무시하면 안 된다

우리 몸은 뭔가가 필요할 때 신호를 보내도록 만들어졌다. 아기는 몸이 어떤 신호를 보내면 울거나 보채면서 보호자를 찾는다. 좀 더 자라면 스스로 욕구를 충족하거나 언어적 표현을 통해 도움을 구할 수 있다. 이처럼 몸이 욕구 충족을 위해 신호를 보내는 시스템은 인류의 시작부터 함께했으며 보통은 만족스럽게 해결이 된다. 하지만 기본 욕구의 충족을 남에게 의존할 수밖에 없을 때는 문제가 생긴다.

도움을 주는 사람이 즉각적으로 반응하지 않으면 욕구가 제대로 충족되지도 않는 데다 무력감과 절망감까지 느낄 수 있다. 그리고 그것은 공황 상태와 분노로 이어질 수 있다. 아이의 울음에 반응하는 엄마의 태도는 중요한 두 가지 발달 측면에 영향을 끼친다. 하나는 아이가 느끼는 자신의 능력에 대한 의식이고 또 하나는 타인에 대한 신뢰다. 엄마가 도움 요청에 잘 반응한다면 아이는 자기 혼자 힘으로도 좋은 일을 일어나게 만들 수 있다는 생각을 하게 되고 사람들에 대한 믿음도 생긴다. 하지만 울음에 대한 엄마의 반응에 일관성이 없다면 아이는 무력감을 느끼고 자신의 행동이 쓸모없다는 생각을 하게 된다. 사람들을 믿을 수 없으며 세상이 친절한 곳이 아니라는 생각도 들 것이다. 앞서 언급한 메리의 행동은 노년기에도 어릴 때와 똑같은 감정을 느낄 수 있다는 것을 보여준다.

자아 고갈

요양원 거주자가 도움을 받을 때까지 기다려야만 하는 것이 괴로운 이유는 또 있다. 욕구불만 상태를 견뎌내는 힘, 즉 욕구불만 내성이 약해졌기 때문이다. 심리학자 로이 바우마이스터(Roy Baumeister)가 실시한 의지력에 관한 연구를 보면 알 수 있다.[1] 그의 연구에 따르면 시련에 대처할 수 있게 해주는 의지력의 양은 제한적이다. 쓸 수 있는 만큼의 의지력이 다 소진되면 자아 고갈 상태가 되어 욕구불만 내성이 약해지고 생각과 감정, 행동을 조절하는 능력도 감소한다. 의지력을 고갈시키는 요인으로는 병(치유와 회복에 에너지 사용), 만성 통증(통증을 무시하거나 최소화하는 데 에너지 사용), 피로(수면과 휴식의 부족으로 혈당 수치 감소), 배고픔(혈당 공급 감소) 등이 있다. 모두가 요양원에서 흔히 관찰되는 상황이다. 통증이 욕구불만 내성과 기분 상태에 끼치는 부정적인 영향을 절대로 과소평가해서는 안 된다. 통증은 문제가 생긴 부위에 관심을 기울이라고 보내는 몸의 신호다. 직장에서 하루 종일 화재경보기가 울려 퍼지는 가운데 일한다면 얼마나 괴롭겠는가? 통증은 몸에서 쉬지 않고 경보가 울려대는 것과 같다. 당연히 지치고 힘들 수밖에 없다.

메리의 행동에서는 자아 고갈이 분명하게 드러났다. 감정이 격해져서 화를 내고 위협적인 발언을 내뱉었다. 그녀는 관절염으로 만성 통증에 시달리는 데다 당시에는 감기에 걸려서 밤새 잠을 이루지 못한 상태였다. 나는 그녀가 어떤 상태인지 잘 알았고 문제적 상황 자체를 바꿀 수 없다는 사실도 알았다(내가 메리의 감기와 관절염을 낫게 해주거나 요양보호사를 그녀가 원하는 때에 바로바로 나타나게 해줄 수는 없는 일이었다). 그래서 다른 방법으로 그녀를 도와주었다. 첫째, 그녀의 좌절과 분노를 분명하게 이해하는 모습을 보여주었다. '메시지가 전달되었고 고통을 이해한다'는 사실을 알게 해준 것이다. 그리고 돌봄 제공자를 기다려야 하는 데 따른 불만을 줄일 수 있는 구체적인 방안도 제시했다. 돌봄 제공자가 곧바로 올 수 없는 상황에 대해서는 그녀도 나도 어쩔 수 없지만 그 대신 그녀 스스로 자신의 감정은 조절할 수 있다는 사실을 알려주는 데 주력했다. 우선 그녀가 괴로워하는 모습에 대해 안타까움을 표현한 뒤 기다리는 동안 할 수 있는 다른 일은 없을지 물었다. 이런 식으로 그녀가 직접 해결책을 찾도록 유도했다. 그러면 괴로운 상황에 대한 절망과 무력감이 줄어든다. 천주교 신자인 메리는 요양보호사를 기다리는 동안 묵주를 한 알씩 세면서 기도하기로 했다.

생기 넘치는 하루를 위해

자아 고갈로 자신을 제어하지 못하게 되는 상황이 노인에게만 발생하는 것이 아니다. 젊은 사람들도 비디오게임, 온라인 채팅, 문자 전송, 전화 통화, 학교 과제 작성 등으로 늦게 잠드는 날이 있다. 그런 사람을 다음 날 아침 일찍 깨우면 당연히 짜증 섞인 반응을 보일 것이다.

신체의 기본적 욕구를 충족하는 것은 나이가 많든 적든, 대단한 일을 한 사람이든 아니든 모두에게 중요하다. 남에게 의존해야 하는 상황이거나 스스로 다른 즐거움이나 의무 때문에 등한시하거나 어떤 이유로든 기본적 욕구를 제대로 해결하지 않으면 부정적인 결과가 나타난다. 반면에 신체적 욕구가 제때 충족되면 만족감을 느낄 수 있다. 신체적 욕구를 가장 우선시해도 안 되지만 절대로 하찮게 여겨서도 안 된다. 심리학자들에 따르면 신체적 욕구가 제때 충족되지 않으면 삶의 중요한 목표 달성에도 차질이 생긴다고 한다. 무엇보다 생기와 열정이 넘치는 하루를 보내기 위해서도 중요하다. 몸이 기본적 욕구에 대한 신호를 보내는 이유는 결국 건강과 행복을 극대화하기 위함이다. 우리는 그 신호에 주의를 기울여야 한다.

•• Lesson 22

몸의 기본 욕구에 관심을 기울이면 삶의 만족도가 높아진다

+ **몸이 무엇을 원하는지에 집중하라.**

자칫 주의를 기울이지 않으면 몸이 보내는 신호에 둔감해져 무시하고 넘어가는 경우가 생길 수 있다. '이 정도쯤은 괜찮겠지' 하는 마음으로 하나둘씩 무시해버린다면 그것들이 조금씩 쌓여 큰 문제를 일으킬 수 있다. 스스로 고갈되지 않도록 주의해야 한다.

+ **몸이 보내는 신호를 다른 일 때문에 등한시하지 말라.**

기본적인 욕구만 제때 채워져도 하루하루를 힘차게 살아갈 있다. 세상에 대한 긍정적인 시선도 생긴다.

인생질문 23

—

—

—

사랑은 항상 아름답기만 할까?

:

요양원에 보내진 사실에 불만을 토로하는 노인에 대해
가족들은 그의 실망감과 불만을 이해하고 감정을
말로 표현하도록 도와줘야 한다. 또 자주 방문하고
더욱 적극적으로 보살피는 모습을 보여줘야 한다.
“나는 당신을 사랑합니다. 비록 당신이 나를 미워하더라도
당신을 위해서 최선을 다할 거예요”라는
강한 사랑의 메시지를 전달할 필요가 있다.
언젠가는 이해받는 날이 올 것이다.

사랑에 대한 반응이 부정적일 때도 있다

사랑이 사랑처럼 보이지 않을 때도 있다. 사랑은 항상 아름답기만 한 것이 아니다. 때로는 아름답지 못한 모습일 수도 있다. 불량 식품을 먹다가 잔뜩 혼이 난 아이, 엄격한 부모 때문에 친구들과 놀다가도 가장 먼저 집으로 돌아가야만 하는 청소년, 자식에 의해 요양원에 들어가게 된 노인을 생각해보자. 분명 아이의 부모나 노인의 자녀는 그들을 위해 가장 좋은 선택을 한 것이었겠지만 그것을 받아들이는 입장에서는 반발심이 들고 분노의 감정을 표출하는 상황이 생길 수 있다.

어린아이는 늘 자신이 원하는 것만 생각한다. 반면 부모는 책임감을 가지고 다양한 측면을 두루 살펴봐야 한다. 많은 부모가 아이의 저항을 무릅쓰고라도 부모의 역할을 제대로 수행해야만 하는 데 따르는 스트레스를 호소한다. 나는 이 스트레스가 결국에는 부모의 비현실적인 기대와 오해에서 비롯된다고 생각한다. 원하는 것을 얻지 못한 아이는 당연히 행복해하거나 감사하는 마음을 갖기 어렵다. 심지어 어른도 자신이 원하는 대로 일이 풀리지 않으면 잔뜩 화가 나기 마련인데 말이다. 누구나 그렇지 않은가? 원하는 것을 얻지 못해 잔뜩 화가 난 상대방에게서 감사를 기대할 수는 없다. 그런 비현실적인 기대를 품게 되면 서로 간에 긴장감이 높아지고 불필요한 소동만 벌어질 뿐이다. 이때 부모는 오히려 자녀가 분노나 실망, 슬픔, 좌절 같은 부정적인 감정에 잘 대처하도록 도와줘야 한다. 즐거워하는 아이를 상대로 부모 노릇을 하기는 쉽다. 하지만 부정적인 감정과 경험에 대처하는 방법을 가르쳐주기 위해서는 부모의 헌신이 필요하다.

요양원에서도 비슷한 상황이 자주 벌어진다. 자신의 뜻과 상관없이 요양원에 보냈다고 노인들이 가족을 원망할 때다. 가족들이 요양원 생활의 장점에 대해 아무리 자세히 설명을 하더라도 절대로 그들이 요양원 생활에 만족하도록 설득하지는 못한다. 결국에는 양쪽 모두 화를 내고 서로에게 진절머리를 내는 상황으로까지 치닫는다. 때로는 노인이 아예 가족들의 방문을 거부할 정도로 사태가 악화되기도 한다. 그런가 하면 가족들이 먼저 방문을 중단하기도 하고 방문하더라도 노인이 불만을 입 밖으로 꺼내지 못하도록 '원천 봉쇄'를 해버리기도 한다. 이런 상황에서는 계속해서 불만이 불만을 낳을 수밖에 없다.

당신을 위한 최선의 결정

82세의 미망인으로 1남 1녀를 둔 릴리언은 요양원에서 지내게 된 것이 큰 불만이었다. 그녀는 남편이 심장마비로 일찍 세상을 떠나고 혼자 힘으로 아이들을 키웠다는 사실에 자부심과 분노를 동시에 느꼈다. 그녀는 열심히 일하며 온갖 희생으로 키운 두 자녀 중 누구도 자신을 집에서 보살피려 하지 않는다는 사실을 받아들일 수 없었다. 반면 자녀들은 어머니가 아파트에서 자주 넘어지는데도 돌볼 사람이 없으므로 요양원 생활은 불가피하다고 생각했다. 심각한 사고가 난 적은 없었지만 어머니가 앞으로 계속 혼자 집에서 지낸다면 더 큰 사고가 일어날까 봐 걱정되어 미리 결정한 일이었다. 그렇다고 자신들의 집으로 모셔갈 만한 형편도 아니었다. 아들은 이혼을 앞두고 있는 데다 딸은 남편이 중병을 앓고 있어 경제적으로 어려웠기 때문이었다.

나는 릴리언과 그녀의 딸 앤이 함께하는 자리를 만들었다. 앤은 어머니가 요양원에서 나가게 해달라고 계속 고집을 부려서 매우 속상한 상태였다. 한마디로 불꽃 튀는 접전이 벌어졌다. 릴리언은 자식들이 자신을 요양원으로 보낸 데 대해 의구심과 불만을 표출했다. 그녀는 자식들이 결코 자기를 위해 이런 결정을 내린 것이 아니라며 그들을 이기적이라고 몰아세웠다. 그리고 자신의 재산 관리에 대해서도 의구심을 드러내며 자식들이 자신을 요양원으로 보낸 것은 사리사욕을 채우기 위해서라고 주장했다. 앤은 어머니가 어떤 말을 할 것인지, 어떻게 반응하는 것이 좋은지 미리 나에게 조언을 들었음에도 무척 화가 나서 목소리를 높였고 앞으로 다시는 방문하지 않겠다고 위협했다. 그리고 안타깝게도 그녀는 정말로 발길을 끊었다.

그녀는 계속되는 어머니의 불평을 더 이상 참을 수 없는 상태였고 어머니와 함께 지낼 수 있는 방법을 찾을 수도 없었다. 나중에 앤은 나에게 어머니의 불행한 모습을 볼 때마다 너무 속상하다고 말했다. 그렇지만 그녀는 어머니의 불만과 원망을 더 이상 견디기가 어려웠다. 릴리언은 끝까지 불만스러운 상태로 요양원에 남았다. 키워준 은

혜도 모르고 부모를 요양원으로 보내는 자식들이 문제지 자신에게는 아무런 문제가 없다면서 심리 치료도 거부했다.

요양원에 보내진 사실을 받아들이지 못하고 불만을 품는 노인을 대하는 가장 좋은 방법은 부모가 어린 자녀의 불만에 대처하는 방법과 비슷하다. 가족들은 노인의 실망과 불만을 이해하고 그 감정을 말로 표현하도록 도와줘야 한다. 또 그를 자주 방문하고 적극적으로 보살피는 모습을 보여줘야 한다. 이때 가족들이 스트레스를 덜 느끼고 상황을 잘 받아들이려면 스스로 최선의 결정을 내렸다는 사실을 기억할 필요가 있다. 가족들은 노인이 감정을 드러낼 때 화를 내거나 다시는 보지 않을 것처럼 위협해서는 안 된다. "나는 당신을 사랑하고 비록 당신이 나를 미워하더라도 당신을 위해서 최선을 다할 거예요"라는 강인한 사랑의 메시지를 전달할 필요가 있다. 언젠가는 이해받는 날이 올 것이다. 버림받았다고 느끼지 않고 감정 표현을 피하지 않는 사람일수록 요양원 환경에 잘 적응할 수 있다. 안타깝게도 앤은 어머니의 불만을 더 이상 견디지 못하고 자신을 지키기 위해 완전히 물러났다.

사랑에는 인내가 필요하다

수년 전 약물중독 치료 시설에서 일한 적이 있는데 그곳에서 나는 부모가 자녀의 잘못을 따끔하게 나무라는 것이 얼마나 중요한지를 깨달았다. 시설에 입원해 있던 사람들은 어린 시절에 부모가 자신의 잘못을 바로잡아주지 않은 데 대해 매우 유감스러워했다. 밤늦게까지 놀거나 숙제를 하지 않거나 불량한 친구들하고 어울리거나 술이나 약에 취해 돌아왔을 때 부모가 좀 더 강력하게 제재를 해줬더라면 좋았을 것이라고 말했다. 당시 그들은 부모가 눈치채지 못하고 심하게 혼내지 않는다는 사실이 마냥 즐겁기만 했다. 그러나 약물중독에서 벗어나려고 애쓰는 지금에 와서는 부모의 그런 태도가 방치나 무능력으로 여겨졌다. 그 당시에 부모 중 한 명이라도 자신을 엄하게 훈육했더라면 지금의 상황이 달라졌을지도 모른다고 생각했다.

자녀가 불만을 품더라도 올바른 선택을 밀어붙이는 부모들을 보면 안심이 된다. 그것은 부모가 책임감을 갖고 있으며 자녀를 소중하게 여긴다는 의미이기 때문이다. 부모에게 자녀의 안녕은 싸워서라도 지켜야 할 가치가 있으므로 해롭고 위험한 행동은 결코 방치하지 않겠다는 뜻이다.

단호한 신념에 따른 행동은 노인의 경우에도 같은 메시지를 전달한다. 노인은 청소년과 마찬가지로 위험은 과소평가하고 자신의 안전과 자립 능력은 과대평가한다. 또한 그들은 요양원이 아니라 집에서 안전하게 보살핌을 받으려면 현실적으로 어떤 어려움이 따르는지 잘 알지 못한다. 따라서 그들에게도 위험 상황을 허용하지 않고 올바른 결정에 따르는 저항을 감수하면서 감정적 싸움에 잘 대처할 사람이 꼭 필요하다.

누군가를 보호하는 사람에게는 엄청난 책임이 따른다. 그 보상은 즉각적이지도 눈에 잘 띄지 않을 수도 있다. 사랑하는 사람이 지금 당장은 자신에게 불만을 표시하더라도 지속적으로 관심을 보여주는 것이야말로 진정으로 그 사람을 생각하고 책임지는 자세이다. 사랑이 언제나 따뜻하고 부드러운 것만은 아니다. 때로는 삼키기 힘든 쓰디쓴 약처럼 느껴질 때도 있다. 하지만 그 약은 우리 몸을 회복하는 데 분명히 도움이 된다. 사랑 또한 그렇다.

•• Lesson 23

상대방을 위해 때로는 단호해질 필요도 있다

- **보호자의 역할을 수행할 때는 확신을 가지고 행동하라.**
  특히 보호받는 사람이 당신의 결정에 수긍하지 못할 때는 더욱 그럴 필요가 있다. 만약 스스로 확신이 서지 않는다면 가족이나 친구에게 조언을 구하거나 자녀 양육 등 다양한 주제에 관한 참고 서적을 활용할 수 있다. 필요하다면 전문가에게 도움을 받는다.

- **상대방이 보이는 부정적인 감정도 긍정적인 감정처럼 수용하라.**
  특히 힘든 상황일수록 사랑 표현이 중요하다. 그래야 보살핌을 받는 사람에게 믿음을 줄 수 있다. 자신이 관심받는 존재라는 사실을 알수록 심리적 안정감이 커진다. 저항과 반대에 부딪힐 수도 있음을 예상하고 미리 어떻게 대응할지 준비해야 한다.

인생질문 24

—

—

—

제2의 인생을 살려면 무엇부터 해야 할까?

:

로사는 침착하고 만족스러운 표정으로 나를 향해 미소 지었다.

항상 불행하다고 느끼고 우울했던 그녀가

이렇게 바뀐 이유는 무엇일까?

하나는 시간이 흐르며 물리적 환경, 하루 일과,

사람들 등 요양원에 익숙해진 덕분이었다.

또한 정신과 의사의 권유로 몇 주 동안 약도 복용했다.

마지막으로 인간적인 개입이 매우 긍정적인 효과를 가져왔다.

가까이 있는 직원들과의 상호작용이 정서적으로 안정감을 준 것이다.

인간 발달과 사회적 경험의 관계

인간의 발달은 내면화, 즉 타인과 상호작용함으로써 쌓이는 인생 경험의 산물을 흡수하는 과정이라 할 수 있다. 나이가 들면서 점점 더 많은 사람들을 접촉하게 되고 그 과정에서 정보와 기술을 익힌다. 운동 능력과 인지·정서·사회적 기능 분야의 능력이 발달하고 독립성도 커진다. 내면에 존재하던 것이 바깥에, 좀 더 정확하게는 접촉하는 사람들 사이에 위치하게 된다. 우리가 섭취하는 영양소가 신체를 유지하게 해주는 것처럼 사회적 상호작용은 정신 구조에 필요한 것을 공급한다. 이때 사회적 상호작용과 경험의 축적이 지속되려면 건강하게 활동하는 뇌가 필요하다. 하지만 늙으면서 병이나 상해로 뇌가 퇴화하면 한때 독립적이었던 인간은 외부의 도움이 필요해진다. 뇌 기능이 쇠퇴하면 기억력과 인지 기능이 약해질 뿐만 아니라 정서와 행동에도 퇴화가 이루어진다.

상호작용이 가져온 긍정적 변화

요양원에서 2층 간호 데스크로 가다 간호사 옆에 있는 휠체어를 탄 로사를 보았다. 간호사는 바쁘게 컴퓨터에 뭔가를 입력하면서도 로사와 친절하게 이야기를 나누고 있었다. 좀 더 가까이 다가가 보니 로사는 동물 봉제 인형을 안고 있었다. 침착하고 만족스러운 표정으로 그녀는 나를 향해 미소 지었다. 내 환자는 아니지만 나는 로사를 잘 알고 있었다. 한 달 전쯤에 그녀의 심리 상태를 평가했기 때문이다. 그 당시 나는 그녀의 인지 기능이 손상돼 심리 치료를 하더라도 도움이 되지 않을 것이라고 결론 내렸다. 심리 치료에서 효과가 있으려면 환자가 최소한의 의사소통이 가능하고 대화 내용을 기억할 수 있어야 하기 때문이다.

로사의 치매 진단과 심리 치료가 효과 없으리라는 결론은 그녀의 진료 기록과 요양원 관계자들의 증언, 내가 실시한 임상 면담을 토대로 한 것이었다. 로사의 진료 기록에 따르면 경증 뇌졸중이 다발 경색 치매를 일으켰다. 그녀가 심리 평가를 받게 된 이유는 불안과 초조, 격앙된 언어 표현, 혼란, 기분 상태 저하 같은 행동 문제가 나타나서였다. 면담을 진행할 때 로사는 휠체어에 앉아 있었고 편안하고 깔끔한 옷차림이었다. 그녀는 내내 상냥하고 협조적인 태도를 보였다. 로사는 자신이 82세이고 남편과는 사별했으며 자녀가 3명 있다고 정확하게 이야기했다. 하지만 안절부절못하는 모습을 보이며 휠체어에서 일어나도 되는지를 계속 물었다. 몇 번인가는 허락을 구하는 동시에 실제로 일어나려고도 했다. 그녀는 계속 앉아 있어 달라는 내 부탁을 받아들이긴 했지만 몇 번이나 다시 말해줘야 했다.

로사는 이해력이나 언어 능력에서는 문제를 보이지 않았다. 하지만 단어를 기억하는 데 어려움을 겪어 말이 계속 끊기고 불규칙적이었다. 하지만 이 같은 언어 표현의 어려움에도 그녀는 내게 자기가 처한 상황을 천천히 설명해줬다. 자신이 불행하다고 느끼고 자주 눈물을 흘리며, 잠드는 데도 어려움을 겪는다고 말했다. 또한 식욕도 줄고 사기 저하를 자주 경험한다고 했다. 그렇지만 그녀는 자신의 기분 상태가 별로인 이유에 대해서는 설명하지 못했다. 차트 기록에 따르면 로사는 집에서 지낼 때부터 상태가 조금씩 악화되었다. 그녀는 요양원에 오기 전에 혼자 살았는데 자녀들이 요리, 쇼핑, 청소, 세탁, 공과금 납부 등 전형적인 일상 활동을 도와줘야 하는 경우가 점점 늘어났다. 그뿐만 아니라 기억력 감퇴도 갈수록 심해지고 행동과 기분 상태에도 문제가 커졌다. 자녀들의 이야기에 따르면 로사는 사랑이 넘치는 훌륭한 어머니였고 자녀들 모두 그녀를 깊이 사랑했다.

로사는 면담을 하는 동안 현재 자신이 놓여 있는 상황을 올바르게 인식하지 못하는 지남력 상실 증상도 보였다. 요양원이 아닌 다른 시설에 와 있다고 생각했고 날짜도 정확하게 알지 못했다. 하지만 장기 기억만은 그대로였다. 자신의 지난 삶이라든가 역사적 사실에 대해서는 정확하게 말할 수 있었다. 그러나 단기 기억에 대해 알아보는 선별검사 결과는 좋지 못했다. 치매의 확실한 증거였다. 몇몇 질문에 답할 때는 좌절감을 느끼며 초조해하는 모습을 보였다. 로사는 자신이 몇 가지 질문에 정확하게 대답하지 못한다는 사실을 깨닫고는 "왜 이런 걸 물어요?"라거나 "이제 그만해도 되잖아요?"라며 살짝 짜증을 내기도 했다.

그렇다면 로사가 나와의 첫 면담 후 한 달 사이에 이렇게 증세가 호전될 수 있었던 이유는 무엇일까? 하나는 시간이 흐르며 물리적 환경, 하루 일과, 사람들 등 요양원에 익숙해진 덕분이었다. 또한 정신과 의사의 권유로 몇 주 동안 약도 복용했다. 마지막으로 인간적인 개입이 매우 긍정적인 효과를 가져왔다. 가까이 있는 직원들과의 상호작용이 정서적으로 안정감을 준 것이다. 게다가 동물 인형의 부드러운 감촉도 어느 정도 도움이 되었다.

우리를 공포로부터 지켜주는 내면의 보호자

영국의 정신분석학자 존 볼비(John Bowlby)의 애착이론에서 보듯 인간은 생물학적으로 특정한 환경에 공포로 반응하도록 되어 있다. 여기서 특정한 환경이란 낯선 상황에 놓이거나 모르는 사람과 함께 있거나 아는 사람이 없거나 시끄러운 소리를 듣거나 통증을 느끼거나 어둠에 놓일 때 등이다.[1] 그런데 이런 조건에 놓였을 때 익숙한 물체를 가지고 있거나 믿을 수 있는 사람이 가까이 있으면 공포심은 어느 정도 줄어든다. 발달적으로 3세까지는 겁에 질린 아이를 위로하려면 보호자가 옆에 있어야 하지만 그 후에는 보호자의 존재가 내면화되어 상징적이 된다. 그런데 로사의 경우에는 뇌 손상으로 그런 내적 표상을 잃었다. 그렇게 되면 혼자인 것처럼 두려운 상태에 놓인다. 누군가 실제로 옆에 같이 있기 전까지는 그렇다. 로사는 요양원에서 치매 환자들을 대상으로 진행하는 프로그램에도 참여했지만 여전히 심한 충격에는 연약한 상태이므로 내가 간호 데스크에서 봤을 때처럼 일대일 접촉이 필요했다. 정신적 고통에 친숙하고 반응을 제대로 해주는 사람과 가까이 있는 것보다 더 좋은 약은 없다.

안정감을 느끼기 위해서 내면화된 보호자가 있어야 한다는 사실은 어린아이의 분리불안증에서도 잘 나타난다. 부모가 키얼스턴을 클리닉에 데려온 이유는 기관에서 보이는 행동 때문이었다. 당시 키얼스턴은 네 살이었는데 일주일에 세 번 오전 동안에만 가는 어린이집에 다녔다. 집에서는 세 아이 중 막내였고 기관 생활도 처음이었다. 원래 부모는 일 년 일찍 어린이집에 보내려고 했지만 소아과 의사의 권유로 시기를 미뤘다. 키얼스턴은 밖에서 수줍음 많고 불편한 모습을 보였다. 부모는 아직 어려서 그런 것이라고만 생각했다. 그런데 어린이집에 간 첫날 심각한 문제가 발생했다. 키얼스턴이 큰 소리로 울면서 엄마의 다리를 붙잡고 절대로 떨어지지 않으려고 했던 것이다. 겨우 달래서 교실로 데려갔지만, 교사의 설명에 따르면 키얼스턴은 울음을 그친 후에도 다른 아이들과 잘 어울리지 못했다고 했다. 말을 걸거나 함께 놀자고 하는 아이들과 눈도 맞추지 않았고, 그래도 다른 아이들이 계속 조르자 키얼스턴은 초조해하다가 울음을 터뜨리며 "저리 가!"라고 소리치고 책상 아래로 숨어버렸다.

키얼스턴은 엄마와 떨어져 어린이집에서 편안하게 있지 못했다. 어린이집 밖에서도 비슷한 행동이 관찰되었다. 부모는 아이를 몇 번이나 축구 교실에 데려갔지만 아이는 차에서 내리지도 않은 채 집으로 가자고 고집을 부렸다. 집 안에서도 언니나 부모가 한 명이라도 옆에 없으면 겁에 질렸다. 키얼스턴의 가족은 안정적이고 화목한 분위기였다. 또한 키얼스턴은 분리불안증만 빼면 다른 발달 사항에 전혀 문제가 없었다. 이전에 심리 치료를 받은 적이나 가족의 정신 병력도 없고, 학습 장애나 의학적 문제도 없었다. 부모에 따르면 키얼스턴은 안정적인 상황에서는 밝고 상냥하고 다정한 성격이었다.

키얼스턴을 처음 만났을 때 나는 대기실에서 부모와 천천히, 조심스럽게 아이를 떼어놓았다. 키얼스턴은 여러 장난감 가운데 모형 집과 사람 모양 인형을 골랐다. 노는 동안 시선을 맞추지 않고 내게서 등을 보였다. 내 질문을 무시하는 듯했고 처음에는 무조건 "싫어요"라고 답했다. 나는 약 10분 동안 아이의 공간을 존중해주면서 지켜보다가 가까이 다가가 아이가 하고 있는 놀이에 대해 이야기를 시작하며 대화에 아이를 끌어들였다. 곧 키얼스턴은 사람 모양 인형을 통해 나와 상호작용을 했다. 어휘력이 뛰어나고 매우 똑똑한 아이임을 알 수 있었다. 자기 제어가 지나치게 훌륭한 면도 있었다. 처음에는 매우 꺼리는 모습을 보였다. 나를 경계하기는 했지만 슬프거나 우울해 보이지는 않았다. 부모와 떨어질 때를 제외하고는 밝고 정상적인 아이였다.

키얼스턴의 치료는 부모, 특히 엄마의 부재로 인한 불안을 견디는 능력을 키워주는 데 초점을 맞춰 진행되었다. 키얼스턴은 생각과 감정을 말로 표현하는 능력과 기억력이 뛰어났다. 이런 기본 능력을 갖추고 있었으므로 엄마의 존재를 마음속으로 상징화하는 것을 도와주면 되었다. 이것을 위해 몇 가지 개입을 실시했다. 어린이집 수업이

끝난 후 엄마와 선생님이 만나는 모습을 보여줌으로써 선생님과 교실의 존재가 '엄마도 허락한' 익숙하고 안전한 공간임을 깨닫게 했다. 또 가방에 가족사진을 넣어 원할 때면 언제든 꺼내 볼 수 있게 했다. 어린이집에서 엄마의 그림을 매일 그려서 엄마가 계속 생각의 중심에 남아 있도록 했다. 그리고 키얼스턴의 엄마는 어린이집 친구를 집으로 불러 키얼스턴과 함께 놀도록 해주었다. 마지막으로 바람직한 행동 변화에 대한 보상 체계를 마련했다. 이 치료의 목표는 나쁜 습관을 없애는 것이 아니라 아이에게 안정감과 편안함을 주는 것이었다. 아이의 행동은 두려움에서 비롯된 것이었으므로 잘못된 행동을 벌하는 것이 아니라 도와주는 것이 목표가 되어야 했다.

우리는 평생 사회 환경의 영향을 받는다

다행히 키얼스턴은 인지 능력이 뛰어나고 부모의 반응성도 좋았다. 그래서 작은 변화로도 놀라운 개선 효과를 거둘 수 있었다. 그렇지만 로사의 경우에는 뇌 손상 때문에 내면의 안정적인 보호자를 다시 불러올 수 없는 상황이었으므로 불안함을 느낄 때마다 친숙한 돌봄 제공자가 실제로 옆에 있어야 안정감을 느낄 수 있었다.

인간의 정신에는 타고난 것과 사회적 환경의 상호작용에 따른 결과물이 자리 잡는다. 아동기에 겪은 인간관계의 흔적은 자신과 타인에 대한 감정의 모델이 된다. 삶에 대한 기본적인 태도와 기대에도 영향을 미친다. 그래서 아동기의 인간관계가 중요하다. 나이가 들면서 내면의 모델은 경험에 따라 새롭게 정의된다. 사회적 환경이 평생 영향을 끼친다는 사실을 기억하면 도움이 될 것이다. 어린아이나 노인은 자신을 둘러싼 사회에 대한 선택권이 비교적 적다. 하지만 그 중간 시기에는 누구와 시간을 보낼지, 어떤 방식으로 상호작용을 할지에 대해 자기 스스로 큰 통제권을 갖는다. 자기 자신이나 인생을 바꾸고 싶다면 접촉하는 사람들이나 인간관계의 질을 바꿔야 한다. 건강 습관이나 일, 대인 관계, 감정 등에 변화가 일어나기를 바란다면 스스로 도움이 될 만한 정보나 전문가를 찾아보자. 독수리처럼 날고 싶다면 칠면조가 아니라 진짜 독수리들과 함께 날아야 하는 것과 비슷한 이치다.

•• Lesson 24

좋은 인간관계는 안정적이고 성공적인 삶을 여는 열쇠다

+ **보다 나은 삶을 원한다면 좋은 사람들과 접촉하라.**

  이를테면 직장에서 당신이 원하는 태도와 습관을 가진 사람이 있다면 롤 모델로 삼는다. 체력을 개선하고 싶다면서 매일 술을 마시고 담배를 피우는 사람에게 조언을 구하면 안 된다. 헬스장이나 요가 교실에서 당신이 원하는 습관과 몸매를 가진 사람을 찾아야 한다.

+ **사회적 지지를 원하는 것은 모든 인간의 자연스러운 욕구다.**

  인간은 상호작용을 통해 경험을 쌓고 그것을 바탕으로 성장한다. 이때 일방적으로 타인에게 지지를 기대해서는 안 되며 자신도 누군가에게 힘이 될 수 있는 사람이 되어야 한다. 타인을 보살피는 과정에서 사람은 더 많이 성장한다.

인생질문 25

—

—

—

다음 세대에게 무엇을 남겨야 할까?

:

누구나 언젠가는 노인이 된다는 사실을

깨닫지 못하는 사람이 많은 것 같다.

우리는 왜 늙으면 아무런 쓸모도 없는 짐짝이 될 뿐이라는

사회적 인식을 그대로 인정하고 받아들이는 걸까?

어린아이들은 어떤 가치도 생산해내지 않지만

그저 존재한다는 사실만으로도 사랑과 존중, 감탄을 일으킨다.

아이들은 가장 훌륭한 재산이라고 할 수 있는

소속감, 사랑, 안정감을 모두 가질 수 있다.

우리는 어린아이뿐만 아니라

이 세상 모든 사람을 이와 같은 가치관으로 바라봐야 한다.

자녀가 나이 든 부모를 돌보지 않는 사회

'한 어머니는 다섯 자녀를 돌볼 수 있지만 다섯 자녀는 한 어머니를 돌보지 못한다.' 내가 요양원에서 만나는 노인들이 가족 관계 역학의 변화를 애통해하면서 자주 하는 말이다. 그들 대다수는 지난 한두 세대를 거치는 동안 사회적으로 큰 변화가 일어났다고 말한다. 자녀의 성장과 행복에만 신경을 쓰고 인성과 책임감에 대한 교육은 거의 이뤄지지 않고 있다는 것이다.

현재의 노인 세대는 그렇게 자라지 않았다. 그들은 어릴 때부터 가족을 위해 일손을 보탰다. 어린아이들도 기꺼이 집안일을 도왔고 그러면서 자연스럽게 부모와 가족, 교회, 학교, 지역 사회 등 더 큰 이익을 위해 기여해야 한다는 사고방식을 갖게 되었다. 또한 이런 환경에서는 어릴 때는 부모가 자녀를, 부모가 나이가 들면 자녀가 부모를 보살피는 관계의 변화도 매우 자연스러웠다. 가정생활과 사회의 발전을 위해서는 모든 구성원이 다 같이 노력해야만 한다는 상호성의 원칙이 강조되던 시대였다.

하지만 요즘은 부모만이 자녀를 돌본다. 상호성의 원칙이 잊히고 사라져버렸다. 그래서 최근에는 부모가 늙고 병들어도 경제적인 부분은 물론 심리적인 면에서도 자녀가 부모를 보살필 준비를 전혀 하고 있지 않은 경우가 점점 늘고 있다. 부모를 보살피려면 부모와 자녀의 역할이 완전히 바뀌어야 한다.

사회 밖으로 밀려나는 노인들

가족 역할의 급격한 변화를 받아들이는 것은 부모와 자녀 모두에게 쉽지 않은 일이다. 나이 든 부모는 보호자와 조언자, 권위를 가진 존재에서 보호받는 입장이 된 것을 사실상 '밀려난' 것처럼 느낄 수 있다. 지위와 독립성, 젊음, 삶의 목적을 잃었다는 우울한 생각이 들기도 한다. 한편 성인 자녀의 입장에서는 언제든 의지할 수 있으리라 믿었던 존재를 잃어버린 것이다. 도움이 필요해진 부모에게 더 이상 기댈 수는 없기 때문이다.

가족 역학의 변화뿐만 아니라 문화적 요인 또한 노인들에게 올바른 관심과 존중, 위안이 향할 수 없도록 가로막는다. 요양원 거주자들은 나에게 가족들이 돈과 물질만을 지나치게 중시한다는 식의 불만을 자주 털어놓는다. 가족들이 일하느라 너무 바빠서 자기에게 시간을 내주지 않는다며, 자녀들이 오직 돈을 좇느라 자신을 집에서 보살피지도 않고 요양원으로 보내버렸다고 생각하는 것이다. 그런데 실질적으로 경제적 자립심을 잃은 부모는 자녀에게 큰 위협이 될 수밖에 없다. 그들을 보살피려면 일이나 취미 생활에 쏟을 수 있는 시간이 그만큼 줄어든다. 게다가 부모를 집에서든, 요양원에서든 돌보기 위해서는 상당한 비용이 필요하다.

미국의 시대적 추세 또한 노인들이 처한 문제를 악화시킨다. 바로 젊음을 찬양하는 문화다(반대로 노인은 저평가받는다). 젊음은 아름다움과 완벽함을 연상시킨다. 반면 나이가 들었다는 것은 지쳐 있거나 고장난 모습을 떠올리게 한다. 지혜와 경험도 저평가되고 과거에 해온 일도 별로 인정받지 못하는 듯하다. 오로지 '지금' 무엇을 할 수 있는가를 중요하게 생각하는 문화가 되었다.

누구나 언젠가는 노인이 된다는 사실을 깨닫지 못하는 사람들이 많은 것 같다. 우리는 왜 늙으면 아무런 쓸모도 없는 짐짝이 될 뿐이라는 사회적 인식을 그대로 인정하고 받아들이는 걸까? 생산성과 물질만을 중요하게 여기는 태도는 삶을 피폐하게 만든다. 어린 아이들은 어떤 가치도 생산해내지 않지만 그저 존재한다는 사실만으로도 사랑과 존중, 감탄을 일으킨다. 가장 훌륭한 재산이라고 할 수 있는 소속감, 사랑, 안정감을 모두 가질 수 있다. 우리는 어린아이뿐만 아니라 이 세상 모든 사람을 이러한 가치관으로 바라봐야 한다.

모든 가족 구성원에게는 자기 자리가 있었다

남편과 사별하고 아들이 한 명 있는 81세의 레베카에게서 과거 시대의 가치관을 엿볼 수 있었다. 그녀는 펜실베이니아 주에서 자랐고 16세에 부모님과 언니, 남동생, 외할머니와 함께 뉴저지 주 북부로 이사했다. 그녀는 새 고등학교나 새 친구들에게 별다른 애착을 느끼지 못한 데다가 당시는 여성의 정규교육을 별로 중요하게 여기지 않던 시대였기에 졸업을 일 년 남겨두고 학교를 그만뒀다. 레베카는 결혼으로 집을 떠나기 전까지 가족들과 함께 살았던 시절을 자주 회상한다. 그녀는 집안일에 적극적으로 참여했다. 당시는 집안에서 남녀의 역할이 확실하게 구분돼 있었다. 레베카와 언니는 어머니를 도와 요리, 청소, 바느질, 빨래를 하고 어린 남동생과 할머니를 보살피는 일도 했다. 레베카는 세상을 떠날 때까지 함께 살았던 외할머니와의 추억을 즐겁게 이야기하곤 했다. 가족들은 외할머니가 존엄성과 소속감을 잃지 않도록 그녀에게도 일을 맡겼다. 저녁 요리에 쓸 감자 껍질을 벗긴다거나 바깥 현관에 앉아 있다가 가족들에게 우체부가 온다는 사실을 알리는 일 등이었다. 당시에는 요즘과 달리 늦은 시간까지 일하지 않았으므로 아버지는 매일 온 가족과 함께 둘러앉아 저녁 식사를 했다. 식사 후에는 가족이 함께 라디오를 듣거나 TV를 봤다. 일요일에는 다 같이 교회에 갔다.

이 같은 과거의 생활 방식이 요즘 아이들에게는 답답하게 느껴질지도 모른다. 하지만 그때는 모든 구성원에게 각자의 역할에 맞는 일과 책임이 강조되던 시대였다. 가족을 가장 중요하게 여겼기에 가족이라는 울타리 안에서 소속감과 안전함을 느낄 수 있었다. 모든 가족 구성원이 주어진 책임을 다함으로써 자신을 가치 있게 느꼈다. 가족으로부터 받기만 하지 않고 스스로도 뭔가를 해야 한다는 의무감은 개인의 욕구와 필요에만 몰두하는 이기심을 막아주었다. 모두가 제 몫을 하고 모두가 이익을 얻었다.

감사와 존중의 대물림

레베카의 어린 시절과 같은 가족 모형은 이제 영원히 사라졌을지도 모르지만 이로운 행동을 가르치는 일은 계속될 수 있다. 지금 와서 20세기 초의 생활 방식으로 돌아갈 수는 없지만 아이들에게 가족 내에서 각자의 역할, 가족과 지역사회에 기여하는 이타주의의 중요성을 가르칠 수는 있다. 이러한 전통적인 가치를 강조한다면 아이들의 삶이 풍요로워지는 것은 물론이고 노인 세대를 보살피는 일 등 어른의 의무에도 미리 준비를 할 수 있을 것이다.

감사의 마음에는 앞에서 설명한 전통적인 가치관이 모두 담겨 있다. 감사는 단순한 고마움의 태도가 아니라 누군가 자신에게 해준 일과 의무를 알아차리는 것이기도 하다. 부모는 양육을 통해 자녀에게 감사의 태도를 심어줄 수 있다.[1] 어떤 사람들은 어린아이들에게 지역사회에서 나눔을 실천하게 하라고 권유한다. 예를 들어 동물 보호소에서 자원봉사를 하거나 의류나 식품을 기부하도록 하는 것이다. 또한 자녀가 도움 되는 행동을 했을 때 고마움을 표현하는 것도 중요하다. 저녁 식사 때 그날의 감사한 일에 대해 이야기하는 가족만의 전통을 마련하는 것도 좋은 방법이다. 또한 부모는 매일 감사 목록을 살펴보는 방법으로 자녀에게 감사할 줄 아는 자세를 가르쳐줄 수 있다. 학교나 지역 단체에서도 이 방법을 실천할 수 있다. 우리는 감사를 통해 상대방뿐만 아니라 모든 인류의 고귀한 생명에 담긴 가치에 존중심을 표현해야 한다.

가장 값진 유산은 감사와 봉사의 가치를 알려주는 것이다

+ **가족 안에서 봉사와 희생은 일방적이어서는 안 된다.**
  자녀에게 일방적인 사랑이나 희생이 아닌 상호 감사의 가치를 가르쳐야 한다. 크든 작든 가족 구성원은 모두가 각자의 역할을 해야 하고 서로에게 감사할 줄 알아야 한다.

+ **노인은 사회에서 쓸모없는 존재가 아니다.**
  노인은 평생 자기 역할을 충실히 해냈고, 자기 가족뿐만 아니라 사회를 위해서도 애써왔다. 그 노력의 결실로 성인이 된 다음 세대에게 당당하게 도움을 청해도 된다.

• 참고문헌 •

- 노먼 도이지, 『기적을 부르는 뇌The Brain That Changes Itself: Stories of Personal Triumph from the Frontiers of Brain Science』, New York: Penguin Books, 2007.
- 대니얼 골먼, 『EQ 감성지능Emotional Intelligence: Why It Can Matter More Than IQ』, New York: Bantam Books, 1995.
- 대니얼 G. 에이멘, 『뷰티풀 브레인Change Your Brain, Change Your Life: The Breakthrough Program for Conquering Anxiety, Depression, Obsessiveness, Anger, and Impulsiveness』, New York: Three Rivers, 1998.
- 댄 뷰트너, 『세계 장수 마을 블루존The Blue Zones: 9 Lessons for Longer Living from the People Who've Lived the Longest』, 2nd ed, Washington, DC: National Geographic Society, 2012.
- 돈 미겔 루이스, 『네 가지 약속The Four Agreements』, San Rafael, CA: Amber-Allen, 1997.
- 딘 오니시, 『스펙트럼: 장수와 체중감량, 건강 개선을 위한 과학적으로 증명된 프로그램The Spectrum: A Scientifically Proven Program to Feel Better, Live Longer, Lose Weight, and Gain Health』, New York: Ballantine Books, 2007.
- 람 다스, 『성찰Still Here: Embracing Aging, Changing, and Dying』, New York: Riverhead Books, 2000.
- 랜디 A. 산소네·로리 A. 산소네, 「정신 질환 환자들의 의기소침 증상Demoralization in Patients with Medical Illness」, *Psychiatry* 7, no. 8 (2010), pp. 42－45.
- 로이 F. 바우마이스터·존 티어니, 『의지력의 재발견Willpower: Rediscovering the Greatest Human Strength』, New York: Penguin, 2011.

- 리처드 S. 라자러스·수전 포크먼, 『스트레스, 평가, 대처Stress, Appraisal, and Coping』, New York: Springer, 1984.
- 미하이 칙센트미하이, 『몰입Flow: The Psychology of Optimal Experience』, New York: Harper Perennial, 1990.
- 바버라 L. 프레더릭슨·토머스 조이너, 「정서적 웰빙을 자극하는 긍정적 감정Positive Emotions Trigger Upward Spirals Toward Emotional Well-being」, *Psychological Science* 13, no. 2 (2002),pp. 172 – 175.
- V. S. 라마찬드란, 『인간 의식의 짧은 여행A Brief Tour of Consciousness: From Imposter Poodles to Purple Numbers』, New York: PI Press, 2004.
- 빅토르 E. 프랑클, 『죽음의 수용소에서Man's Search for Meaning: An Introduction to Logotherapy』, 3rd ed. New York: Touchstone, 1984.
- 세바스찬 에릭슨·건보르 가르드, 「운동과 우울증Physical Exercise and Depression」, *Physical Therapy Reviews* 16, no. 4 (2011), pp. 261 – 267.
- 수전 케인, 『콰이어트Quiet: The Power of Introverts in a World That Can't Stop Talking』, New York: Broadway Books, 2012.
- 스탠리 I. 그린스펀, 『발달 기반 심리치료Developmentally Based Psychotherapy』, Madison: International Universities Press, 1997.
- 스탠리 밀그램, 「복종에 관한 행동 연구Behavioral Study of Obedience」, *Journal of Abnormal and Social Psychology* 67 (1963), pp. 371 – 378.
- 실반 S. 톰킨스, 『감정, 심상, 의식Affect, Imagery, Consciousness Vol. 1—긍정적 감정The Positive Affects』, New York: Springer, 1962.
- ___________, 『감정, 심상, 의식Affect, Imagery, Consciousness Vol. 2—부정적 감정The Negative Affects』, New York: Springer, 1963.
- ___________, 『감정, 심상, 의식Affect, Imagery, Consciousness Vol. 3—부정적 감정 분노와 공포The Negative Affects Anger and Fear』, New York: Springer, 1991.

- 안나 프로이트·도로시 T. 벌링엄, 『전쟁과 아이들War and Children』, Westport, CT: Greenwood, 1973.

- 안토니오 R. 다마지오, 『데카르트의 오류: 감정과 이성 그리고 인간의 뇌Descartes' Error: Emotion, Reason, and the Human Brain』, New York: Avon Books, 1994.

- 앨런 N. 쇼어, 「안와 전전두엽의 경험 의존 성숙과 발달 정신병리학의 기원The Experience-Dependent Maturation of a Regulatory System in the Orbital Prefrontal Cortex and the Origin of Developmental Psychopathology」, *Development and Psychopathology* 8 (1996), pp. 59-87.

- 어빈 얄롬, 『집단 심리치료의 이론과 실제The Theory and Practice of Group Psychotherapy』, New York: Basic Books, 1975.

- 에릭 H. 에릭슨, 『유년기와 사회Childhood and Society』, 2nd ed. New York: W. W. Norton, 1963.

- 에크하르트 톨레, 『지금 이 순간을 살아라The Power of Now: A Guide to Spiritual Enlightenment』, Novato, CA: New World Library, 1999.

- 엘렌 F. 맥카티·찰스 데브링, 「부담감과 전문 돌봄제공자Burden and Professional Caregivers: Tracking the Impact」, *Journal for Nurses in Staff Development* 18, no.5 (2002), pp. 250-257.

- E. 알레산다 스트라다, 「애도, 의기소침, 우울증: 진단의 난제와 치료 양상Grief, Demoralization, and Depression: Diagnostic Challenges and Treatment Modalities」, *Primary Psychiatry* 16, no. 5 (2009), pp. 49-55.

- 제로 투 쓰리, 「감사할 줄 아는 아이로 키우기Raising a Thankful Child」, http://www.zerotothree.org/child-development/social-emotional-development/raising-a-thankful-child.html (2014. 9. 27 기준).

- 제리 H. 파울, 「인간적 유대감과 치료적 인간관계The Therapeutic Relationship as Human Connectedness: Being Held in Another's Mind」, *Zero to Three* 15, no. 4 (1995), pp. 2-5.

- 제임스 페니베이커, 『털어놓기와 건강Opening Up: The Healing Power of Expressing Emotions』, New York: Guilford, 1990.

- 조지 E. 베일런트, 『잘 늙기: 하버드 대학의 성인 발달 연구 결과가 알려주는 더 행복한 삶을 위한 지침Aging Well: Surprising Guideposts to a Happier Life from the Landmark Harvard Study of Adult Development』, New York: Little, Brown, 2002.

- 존 볼비, 『애착Attachment and Loss Vol. 1— 애착Attachment』, 2nd ed. New York: Basic Books, 1982.

- _____, 『애착Attachment and Loss Vol. 2— 분리 불안과 분노Separation-Anxiety and Anger』, New York: Basic Books, 1973.

- 존 B. 아덴, 『당신의 뇌를 리셋하라Rewire Your Brain: Think Your Way to a Better Life』, Hoboken, NJ: John Wiley & Sons, 2010.

- 주디스 바이어스트, 『꼭 필요한 상실Necessary Losses』, New York: Fireside, 1986.

- 질병통제예방센터(CDC), 「잠을 얼마나 자야 하는가? How Much Sleep Do I Need?」, http://www.cdc.gov/sleep/about_sleep/how_much_sleep.htm (2014.8.2 기준).

- __________, 「수면과 수면장애Sleep and Sleep Disorders」, http://www.cdc.gov/sleep/ (2014.8.2 기준).

- __________, 「알츠하이머병과 기타 치매 환자 돌보기Caregiving for Alzheimer's Disease or Other Dementia」, http://www.cdc.gov/aging/caregiving/alzheimer.htm (2014.9.25 기준).

- __________, 「알츠하이머병Alzheimer's Disease」, http://www.cdc.gov/aging/aginginfo/alzheimers.htm (2014.9.25 기준).

- __________, 「요양원 환자 돌보기Nursing Home Care」, http://www.cdc.gov/nchs/fastats/nursing-home-care.htm (2014.9.25 기준).

- __________, 「죽음과 필멸성Deaths and Mortality」, http://www.cdc.gov/nchs/fastats/deaths.htm (2014.8.2 기준).

- 찰스 E. 도젠, 『니코틴 의존도: 가장 효과적인 치료 개입의 이해와 적용Nicotine Dependence: Understanding and Applying the Most Effective Treatment Interventions』, Washington, DC: American Psychological Association, 2005.

- 크레이그 헤인리·커티스 뱅크스·필립 짐바르도, 「모의 감옥에서의 죄수와 교도관 연구A Study of Prisoners and Guards in a Simulated Prison」, *Naval Research Reviews* 30 (1973), pp. 1-17.

- 크리스토퍼 M. 클라크·더글러스 C. 유뱅크, 「치매 심각성 평가 척도: 알츠하이머병 심각성 평가를 위한 보호자 질문지Performance of the Dementia Severity Rating Scale: A Caregiver Questionnaire for Rating Severity in Alzheimer Disease」, *Alzheimer Disease and Associated Disorders* 10, no. 1 (1996), pp. 31-39.

- 크지슈토프 카니아스티, 「사회적 지지와 트라우마로 인한 스트레스Social Support and Traumatic Stress」, *PTSD Research Quarterly* 16, no. 2 (2005), pp. 1-8.

- 폴 에크먼, 『얼굴의 심리학Emotions Revealed: Recognizing Faces and Feelings to Improve Communication and Emotional Life』, 2nd ed. New York: Holt Paperbacks, 2007.

- 프레드 러스킨, 『용서: 나를 위한 선택Forgive for Good: A Proven Prescription for Health and Happiness』, New York: HarperCollins, 2002.

- 플로리언 슈미테크·마틴 로브덴·울먼 린덴버거, 「성인의 광범위한 인지 능력 강화를 위한 100일 인지 훈련: COGITO 연구 결과Hundred Days of Cognitive Training Enhance Broad Cognitive Abilities in Adulthood: Findings from the COGITO Study」, *Frontiers in Aging Neuroscience* 2 (2010), pp. 1-9.

- 해럴드 R. 아이어턴, 『아동발달검사Child Development Inventory』, Minneapolis: Behavior Science Systems, 1992.

• 주석 •

인생질문 01 고통과 괴로움 없이 나이 들 수는 없을까?

1. 안토니오 R. 다마지오, 『데카르트의 오류: 감정과 이성 그리고 인간의 뇌Descartes' Error: Emotion, Reason, and the Human Brain』, New York: Avon Books, 1994, p. 266.

2. 앨런 N. 쇼어, 「안와 전전두엽의 경험 의존 성숙과 발달 정신병리학의 기원The Experience-Dependent Maturation of a Regulatory System in the Orbital Prefrontal Cortex and the Origin of Developmental Psychopathology」, *Development and Psychopathology* 8 (1996), pp. 59–87.

3. 크지슈토프 카니아스티, 「사회적 지지와 트라우마로 인한 스트레스Social Support and Traumatic Stress」, *PTSD Research Quarterly* 16, no. 2 (2005), pp. 1–8.

인생질문 02 살아가는 데 사랑이 꼭 필요할까?

1. 안나 프로이트·도로시 T. 벌링엄, 『전쟁과 아이들War and Children』, Westport, CT: Greenwood Press, Inc., 1973.

2. 존 볼비, 『애착Attachment and Loss vol. 1—애착Attachment』, 2nd ed., New York: Basic Books, 1982, p. 314.

3. 제리 H. 파울, 「인간적 유대감과 치료적 인간관계The Therapeutic Relationship as Human Connectedness: Being Held in Another's Mind」, *Zero to Three* 15, no. 4 (1995), pp. 2–5.

인생질문 03 내가 쓸모없는 사람처럼 느껴질 때는 어떻게 해야 할까?

1. E. 알레산다 스트라다, 「애도, 의기소침, 우울증: 진단의 난제와 치료 양상Grief, Demoralization, and Depression: Diagnostic Challenges and Treatment Modalities」, *Primary Psychiatry* 16, no.5 (2009), pp. 49–55.; 랜디 A. 산소네·로리 A. 산소네, 「정신 질환 환자들의 의기소침 증상Demoralization in Patients with Medical Illness」, *Psychiatry* 7, no. 8 (2010), pp. 42–45.

2. E. 알레산다 스트라다, 위의 글.

인생질문 05 젊음을 잃는 대신 얻는 건 무엇일까?

1. 주디스 바이어스트,『꼭 필요한 상실Necessary Losses』, New York: Fireside, 1986.

2. 에릭 H. 에릭슨,『유년기와 사회Childhood and Society』, 2nd ed., New York: W. W. Norton, 1963.

인생질문 06 소중한 사람을 잃은 아픔을 어떻게 극복할까?

1. V. S. 라마찬드란,『인간 의식의 짧은 여행A Brief Tour of Consciousness: From Imposter Poodles to Purple Numbers』, New York: PI Press, 2004.

인생질문 07 건강하게 나이 드는 비결은?

1. CDC,「죽음과 불멸성Deaths and Mortality」, http://www.cdc.gov/nchs/fastats/deaths.htm (2014.8.2 기준).

2. CDC,「수면과 수면장애Sleep and Sleep Disorders」, http://www.cdc.gov/sleep/ (2014.8.2 기준).

3. CDC,「잠을 얼마나 자야 하는가?How Much Sleep Do I Need?」, http://www.cdc.gov/sleep/about_sleep/how_much_sleep.htm (2014.8.2 기준).

4. 댄 뷰트너,『세계 장수 마을 블루존The Blue Zones: 9 Lessons for Longer Living from the People Who've Lived the Longest』, 2nd ed., Washington, DC: National Geographic Society, 2012.

5. 조지 E. 베일런트,『잘 늙기: 하버드 대학의 성인 발달 연구 결과가 알려주는 더 행복한 삶을 위한 지침Aging Well: Surprising Guideposts to a Happier Life from the Landmark Harvard Study of Adult Development』, New York: Little Brown, 2002.

6. 댄 뷰트너, 위의 책.

7. 조지 E. 베일런트, 위의 책.

8. 딘 오니시,『스펙트럼: 장수와 체중감량, 건강 개선을 위한 과학적으로 증명된 프로그램The Spectrum: A Scientifically Proven Program to Feel Better, Live Longer, Lose Weight, and Gain Health』, New York: Ballantine Books, 2007.

인생질문 08 어떻게 하면 품위를 지키며 살 수 있을까?

1. 스탠리 밀그램, 「복종에 관한 행동 연구Behavioral Study of Obedience」, *Journal of Abnormal and Social Psychology* 67 (1963), pp. 371 – 378.

2. 크레이그 헤인리·커티스 뱅크스·필립 짐바르도, 「모의 감옥에서의 죄수와 교도관 연구A Study of Prisoners and Guards in a Simulated Prison」, *Naval Research Reviews* 30 (1973), pp. 1 – 17.

인생질문 10 억눌린 감정을 해소하는 가장 효과적인 방법은?

1. 어빈 얄롬, 『집단 심리치료의 이론과 실제The Theory and Practice of Group Psychotherapy』, New York: Basic Books, 1975.

2. 제임스 페니베이커, 『털어놓기와 건강Opening Up: The Healing Power of Expressing Emotions』, New York: Guilford, 1990.

인생질문 11 어떻게 해야 스트레스를 줄이면서 살 수 있을까?

1. 엘렌 F. 맥카티·찰스 데브링, 「부담감과 전문 돌봄제공자Burden and Professional Caregivers: Tracking the Impact」, *Journal for Nurses in Staff Development* 18, no.5 (2002), pp. 250 – 257.

2. 리처드 S. 라자러스·수전 포크먼, 『스트레스, 평가, 대처Stress, Appraisal, and Coping』, New York: Springer, 1984.

3. 세바스찬 에릭슨·건보르 가르드, 「운동과 우울증Physical Exercise and Depression」, *Physical Therapy Reviews* 16, no. 4 (2011), pp. 261 – 267.

인생질문 12 주어진 환경에 얽매이지 않고 살아가려면?

1. 프레드 러스킨, 『용서: 나를 위한 선택Forgive for Good: A Proven Prescription for Health and Happiness』, New York: HarperCollins, 2002.

2. 빅토르 E. 프랑클, 『죽음의 수용소에서Man's Search for Meaning: An Introduction to Logotherapy』, 3rd ed., New York: Touchstone, 1984.

인생질문 13 왜 감정의 충동을 이기지 못하는 걸까?

1. 폴 에크먼, 『얼굴의 심리학Emotions Revealed: Recognizing Faces and Feelings to Improve Communication and Emotional Life』, 2nd ed., New York: Holt Paperbacks, 2007, xxi쪽.

인생질문 16 어떻게 해야 좋은 대인 관계를 유지할 수 있을까?

1. 대니얼 골먼, 『EQ 감성지능Emotional Intelligence: Why It Can Matter More Than IQ』, New York: Bantam Books, 1995.

2. 스탠리 I. 그린스펀, 『발달 기반 심리치료Developmentally Based Psychotherapy』, Madison: International Universities Press, 1997.

3. 실반 S. 톰킨스, 『감정, 심상, 의식Affect, Imagery, Consciousness vol. 1—긍정적 감정The Positive Affects』, New York: Springer, 1962(전문 서적에서는 감정이나 느낌을 가리키는 단어로 affect, emotion, feeling을 구분지어 사용하지만 이 책에서는 따로 affect라는 단어를 사용하지 않고 emotion과 feeling을 같은 의미로 사용했다); 실반 S. 톰킨스, 『감정, 심상, 의식Affect, Imagery, Consciousness vol. 2—부정적 감정The Negative Affects』, New York: Springer, 1963; 실반 S. 톰킨스, 『감정, 심상, 의식Affect, Imagery, Consciousness vol. 3—부정적 감정 분노와 공포The Negative Affects Anger and Fear』, New York: Springer, 1991; 폴 에크먼, 『얼굴의 심리학Emotions Revealed: Recognizing Faces and Feelings to Improve Communication and Emotional Life』, 2nd ed., New York: Holt Paperbacks, 2007. 톰킨스와 에크만이 말하는 기본 감정은 비슷하지만 동일하지는 않다. 이 책에 소개된 기본 감정은 두 가지가 합쳐진 것임을 밝힌다.

4. 폴 에크먼, 위의 책.

인생질문 17 바쁘게 부지런히 살아야만 가치 있는 삶일까?

1. 에크하르트 톨레, 『지금 이 순간을 살아라The Power of Now: A Guide to Spiritual Enlightenment』, Novato, CA: New World Library, 1999; 람 다스, 『성찰Still Here: Embracing Aging, Changing, and Dying』, New York: Riverhead Books, 2000; 미하이 칙센트미하이, 『몰입Flow: The Psychology of Optimal Experience』, New York: Harper Perennial, 1990.

2. 수전 케인, 『콰이어트Quiet: The Power of Introverts in a World That Can't Stop Talking』, New York: Broadway Books, 2012, p. 29.

인생질문 19 **신체 나이와 뇌 나이는 반드시 비례할까?**

1. 노먼 도이지, 『기적을 부르는 뇌The Brain That Changes Itself: Stories of Personal Triumph from the Frontiers of Brain Science』, New York: Penguin Books, 2007.

2. 대니얼 G. 에이멘, 『뷰티풀 브레인Change Your Brain, Change Your Life: The Breakthrough Program for Conquering Anxiety, Depression, Obsessiveness, Anger, and Impulsiveness』, New York: Three Rivers, 1998.

3. 존 B. 아덴, 『당신의 뇌를 리셋하라Rewire Your Brain: Think Your Way to a Better Life』, Hoboken, NJ: John Wiley & Sons, 2010.

4. 플로리언 슈미테크·마틴 로브덴·울먼 린덴버거, 「성인의 광범위한 인지 능력 강화를 위한 100일 인지 훈련: COGITO 연구 결과Hundred Days of Cognitive Training Enhance Broad Cognitive Abilities in Adulthood: Findings from the COGITO Study」, *Frontiers in Aging Neuroscience* 2 (2010), pp. 1-9.

5. 노먼 도이지, 위의 책.

인생질문 21 **상처받지 않고 살아갈 방법은 없을까?**

1. 돈 미겔 루이스, 『네 가지 약속The Four Agreements』, San Rafael, CA: Amber-Allen Publishing, 1997, p. 47.

인생질문 22 **인간의 기본 욕구를 억눌러야 성숙한 삶일까?**

1. 로이 F. 바우마이스터·존 티어니, 『의지력의 재발견Willpower: Rediscovering the Greatest Human Strength』, New York: Penguin, 2011.

인생질문 24 **제2의 인생을 살려면 무엇부터 해야 할까?**

1. 존 볼비, 『애착Attachment and Loss vol. 2—분리불안과 분노Separation-Anxiety and Anger』, New York: Basic Books, 1973, p. 96.

인생질문 25 **다음 세대에게 무엇을 남겨야 할까?**

1. 제로 투 쓰리, 「감사할 줄 아는 아이로 키우기Raising a Thankful Child」, http://www.zerotothree.org/childdevelopment/social-emotional-development/raising-a-thankful-child.html (2014. 9. 27 기준).

옮긴이 | 정지현

스무 살 때 남동생의 부탁으로 두툼한 신디사이저 사용설명서를 번역해준 것을 계기로 번역의 매력과 재미에 빠졌다. 현재 미국에 거주하며 출판번역 에이전시 베네트랜스 전속 번역가로 활동하고 있다. 옮긴 책으로는 『인생학교 — 일』 『행복은 어디에서 오는가』 『대화의 심리학: 상대의 마음을 여는 놀라운 기술』 『마음챙김으로 불안과 수줍음 치유하기』 등이 있다.

왜 생의 마지막에서야
제대로 사는 법을 깨닫게 될까

초판 1쇄 인쇄 2016년 8월 5일 **초판 1쇄 발행** 2016년 8월 16일

지은이 찰스 E. 도젠 **옮긴이** 정지현
펴낸이 김종길 **펴낸곳** 글담출판사
책임편집 김보라 **편집** 임현주 · 박성연 · 이은지 · 이경숙 · 김보라 · 안아람
디자인 정현주 · 박경은 **마케팅** 박용철 · 임형준 **홍보** 윤수연 **관리** 김유리

출판등록 1998년 12월 30일 제2013-000314호
주소 (121-840) 서울시 마포구 양화로 12길 8-6(서교동) 대륭빌딩 4층
전화 (02)998-7030 **팩스** (02)998-7924
페이스북 www.facebook.com/geuldam4u **인스타그램** geuldam

ISBN 979-11-87147-07-7 03190
책값은 뒤표지에 있습니다. 잘못된 책은 바꾸어 드립니다.

이 도서의 국립중앙도서관 출판시도서목록(CIP)은 e-CIP홈페이지(http://www.nl.go.kr/ecip)와 국가자료공동목록시스템(http://www.nl.go.kr/kolisnet)에서 이용하실 수 있습니다. (CIP 제어번호 : CIP2016017676)

글담출판에서는 참신한 발상, 따뜻한 시선을 가진 원고를 기다리고 있습니다. 원고는 글담출판 블로그와 이메일을 이용해 보내주세요. 여러분의 소중한 경험과 지식을 나누세요.

블로그 http://blog.naver.com/geuldam4u **이메일** geuldam4u@naver.com